DU NOUVEAU

DU MÊME AUTEUR

Staline, œuvre d'art totale, éd. J. Chambon 1990

Couverture: Hugues Drouot
Titre original: *Über das Neue*
Copyright © Carl Hanser Verlag, 1992, Munich
Pour la langue française:
Copyright © Éditions Jacqueline Chambon, Nîmes
ISBN : 2-87711-115-6   ISSN : 0993-6491

Boris Groys

DU NOUVEAU

Essai d'économie culturelle

traduit de l'allemand par Jean Mouchard

ÉDITIONS JACQUELINE CHAMBON

AVANT-PROPOS

Ce livre s'est formé en deux étapes. J'avais d'abord écrit un texte russe, traduit en allemand par Annelore Nitschke. Par la suite, j'ai complètement remanié le contenu de la première version et l'ai réécrit directement en allemand — en espérant que mes pensées gagneraient ainsi en clarté, mais non sans regretter que la belle traduction d'Annelore Nitschke, qui a toute ma reconnaissance, soit devenue illisible sous sa forme originelle.

De nombreuses réflexions de ce livre me furent inspirées par les conversations que j'ai eues avec mes amis et mes connaissances. Je ne peux ici mentionner que très peu de noms : Eduard Beaucamp, Walter Grasskamp, Aage Hansen-Löve, Jürgen Harten, Ilja Kabakov, Olga Matic, Dimitri Prigow, Igor Smirnow, Renate Döring-Smirnow, Peter Steiner, Alexander Zholkovsky.

Je remercie tout particulièrement le Professeur Fernando Inciarte pour ses précieux conseils lorsque je remaniais ce livre.

INTRODUCTION

À notre époque que l'on qualifie de post-moderne, aucun thème ne semble aussi inactuel que le nouveau : la quête du nouveau est habituellement associée à l'utopie, à l'espoir d'un nouveau commencement historique et, pour l'avenir, d'un changement radical des conditions de l'existence humaine. Or, c'est bien cet espoir qui semble aujourd'hui avoir presque complètement disparu. Le futur ne semble plus rien promettre de fondamentalement nouveau ; bien plutôt se représente-t-on des variations infinies sur ce qui existe déjà. Chez beaucoup, la représentation du futur comme d'une reproduction à l'infini du passé et du présent est source de dépression. Pour d'autres en revanche, s'ouvre dans la pratique sociale et artistique une nouvelle époque, débarrassée du diktat du nouveau ainsi que des diverses idéologies utopiques et totalitaires tournées vers le futur. En tout cas, la plupart des auteurs de notre époque ont le sentiment que la problématique du nouveau est presque définitivement dépassée[1].

Mais quand bien même le nouveau serait effectivement désuet d'une manière si irrémédiable, la pensée post-moderne pourrait parfaitement le prendre pour objet, puisque cette pensée s'intéresse à ce qui est désuet. De fait, il n'y a rien de plus traditionnel, en un sens, que de s'orienter vers le nouveau. C'est pourquoi le refus radical du nouveau et la proclamation d'une nouvelle époque post-moderne — laquelle devrait être d'une nouveauté sans exemple dans l'histoire du monde — présentent déjà en eux-mêmes des traits suspects d'utopie. Dans cette croyance post-moderne que le futur tout entier — commencé dès l'instant présent — se passera pour toujours du nouveau, et que le nouveau et la quête du nouveau seraient désormais dépassés une fois pour toutes, on peut cependant reconnaître des habitudes propres à la pensée moderniste. Si ce qui existait déjà doit continuer à exister dans l'avenir, cela signifie entre autres que la quête individuelle du nouveau, l'orientation sociale vers le nouveau et la production constante de nouveau subsisteront elles aussi. C'est pourquoi l'utopisme moderniste, qui ne cesse de proclamer le règne immuable du nouveau dans toutes les époques futures, n'est pas dépassé lorsqu'il se contente de laisser place à l'utopie post-moderne du refus de tout nouveau dans toutes les époques futures.

La particularité de la conception du nouveau répandue dans les temps modernes réside précisément dans l'espoir que finira par apparaître quelque chose de si définitivement nouveau qu'après cela rien d'encore plus nouveau ne pourra plus advenir, et que cet ultime nouveau régnera sans partage sur le futur. C'est ainsi que les Lumières espéraient l'éclosion d'une nouvelle époque, qui devait être marquée par une croissance ininterrompue et par la suprématie des sciences de la nature. Par réaction, le romantisme proclama la perte définitive de la foi dans la rationalité des sciences de la nature. Le marxisme, quant à lui, plaça ses espoirs dans un avenir socialiste, ou plutôt communiste, infini. Le national-socialisme tabla sur une domination illimitée dans le temps de la race aryenne. Dans l'art, chaque courant moderne, de l'art abstrait jusqu'au surréalisme, se considéra lui-même comme le dernier geste artistique possible. La représentation post-moderne actuelle de la fin de l'histoire ne se distingue de la représentation moderne que par la conviction qu'il n'y a plus lieu d'attendre l'arrivée définitive du nouveau, parce qu'il est déjà là.

Dans la modernité, la proclamation du nouveau est la plupart du temps liée du point de vue idéologique à l'espoir d'arrêter le cours du temps, qui paraît dépourvu de sens et destructeur de toutes choses, ou tout au moins à celui de lui imprimer une direction déterminée, afin de le représenter comme progrès. Cependant, des observateurs clairvoyants de la modernité ont depuis longtemps constaté l'assujettissement du développement culturel moderne à une contrainte d'innovation (Innovationszwang) extra-idéologique. D'un penseur, d'un artiste ou d'un homme de lettres, on exige qu'il crée le nouveau, de même que jadis on exigeait de lui qu'il s'en tînt à la tradition et se soumette à ses critères[2]. Dans la modernité, le nouveau ne résulte plus d'une indépendance passive, involontaire, vis-à-vis du cours du temps ; il est le produit d'une demande déterminée et d'une stratégie consciente, qui dominent la culture des temps modernes. La création du nouveau n'est donc pas non plus l'expression de la liberté humaine, contrairement à ce qu'on croit souvent. Rompre avec l'ancien ne relève pas d'une libre décision présupposant l'autonomie de l'homme, l'exprimant ou l'affermissant socialement ; c'est simplement une adaptation (Anpassung) aux règles qui déterminent le fonctionnement de notre culture.

Le nouveau n'est pas non plus la découverte ou la révélation du vrai, de l'essence, du sens, de la nature ou du beau, auparavant occultés par des conventions, par des traditions et des préjugés « morts[3] ». Cette glorification si répandue, et apparemment même inévitable, du nouveau en tant qu'il serait le vrai et déterminerait le futur, demeure pour l'essentiel liée à l'ancienne conception de la culture, selon laquelle la pensée et l'art ont pour tâche de décrire adéquatement ou de représenter mimétiquement « le monde » tel qu'il est, le critère de la vérité de ces descriptions et de ces représentations passant pour être leur accord avec la réalité. Cette conception de la culture a pour présupposé l'hypothèse que l'homme dispose d'un accès direct et immédiat à la réalité telle qu'elle est, et que l'accord ou le non-accord avec la réalité sont donc susceptibles d'être établis à tout moment[4]. Dès lors, si l'art, par exemple, ne reflète plus le monde visible, il doit — selon cette logique — refléter une réalité cachée, intérieure, vraie, pour conserver sa raison d'être. Faute de quoi cet art ne serait que l'expression injustifiée et moralement condamnable de la simple quête du nouveau pour le nouveau[5].

Or, beaucoup depuis lors ont remis en question, et à bon droit, la possibilité d'un pareil accès immédiat « aux choses mêmes[6] ». Au demeurant, cette idée est au fond non pertinente pour la compréhension et le fonctionnement du nouveau. Car la demande de nouveau telle qu'elle est établie et ancrée dans la culture, suffit à expliquer son apparition dans chaque cas particulier, le recours à la quête de rapports cachés, extra-culturels, devenant dès lors superflu[7]. Le nouveau est nouveau par rapport à l'ancien, à la tradition. Pour le comprendre, il n'y a donc pas lieu de faire référence à quelque chose de caché, d'essentiel, de vrai. La production du nouveau est constituée par une exigence à laquelle chacun doit se soumettre, celle de trouver dans la culture la reconnaissance à laquelle il aspire. Si tel n'était pas le cas, il serait dénué de sens de s'occuper des choses de la culture. La quête du nouveau pour le nouveau est une loi qui vaut jusque dans la post-modernité, après qu'ont été congédiés tous les espoirs en une nouvelle manifestation de l'occulte et en un progrès tendant vers un but.

Cependant, beaucoup ont le sentiment que cette quête est dénuée de sens, et par là même dénuée de valeur. En effet, la question se pose de savoir quel est en dernière instance le sens du nouveau. S'il n'amène pas une nouvelle vérité, ne serait-il pas dès lors préférable d'en rester à l'ancien ?

Mais préférer l'ancien au nouveau revient là encore à accomplir un nouveau geste culturel, à enfreindre les règles culturelles qui exigent la production constante du nouveau, et par là même à créer quelque chose de radicalement nouveau. De plus, ce qui est à proprement parler ancien reste inexpliqué. À chaque époque, l'ancien doit être réinventé. C'est pourquoi toutes les renaissances sont également de grandes rénovations. Le nouveau est inéluctable, inévitable, indispensable. Il n'existe aucune voie qui conduise hors du nouveau, car une telle voie serait elle-même nouvelle. Il n'existe aucune possibilité d'enfreindre les règles du nouveau, car une telle infraction est précisément ce qu'exigent les règles. En ce sens, l'exigence d'innovation est, si l'on veut, la seule réalité qui soit exprimée dans la culture. Car par « réalité », on entend l'inéluctable, l'inévitable, l'indispensable. Dans la mesure où elle est indispensable, l'innovation est réalité. Ce qui est réel, ce ne sont donc pas les choses mêmes, prétendument cachées derrière leurs descriptions et leurs représentations culturelles, de sorte que l'on devrait se frayer un chemin jusqu'à elles ou faire irruption en elles par la force ; ce qui est réel, ce sont les rapports entre les activités et les productions culturelles — en un mot, les hiérarchies et les valeurs qui déterminent notre culture. La quête du nouveau manifeste la réalité de notre culture précisément lorsqu'elle est libérée de toute motivation et de toute justification idéologique et qu'est abandonnée la distinction entre une innovation vraie, authentique, et une innovation non vraie, inauthentique[8].

Poser la question du nouveau revient au même que de poser la question de la valeur : pourquoi cherchons-nous au fond à dire, à écrire, à peindre, à composer quelque chose qui n'existait pas auparavant ? D'où vient la croyance en la valeur d'une innovation culturelle personnelle, si l'on sait d'avance que la vérité demeure hors d'atteinte ? Ce désir d'une « créativité » personnelle ne reviendrait-il pas tout simplement à céder à une tentation diabolique, que l'on devrait en vérité repousser pour conserver son intégrité propre ?

En d'autres termes : qu'en est-il du sens du nouveau ?

De telles questions présupposent une conviction qui n'a encore jamais été remise en question — à savoir que le désir de nouveau est le désir de vérité. Seul Nietzsche a soulevé la question de la valeur de la vérité, ainsi que de la valeur de la volonté de vérité. La valeur d'une œuvre culturelle est déterminée par le rapport qu'elle entretient avec d'autres œuvres, et non par son rapport avec la réalité extra-culturelle, ni par sa vérité ou par un sens. Ainsi, le caractère inaccessible de la vérité, du signifiant, de la réalité, de l'être, du sens, de l'évidence, de la présence du présent, aujourd'hui sans cesse réaffirmé par la pensée post-moderne, ne doit pas être considéré comme une dévalorisation de toute valeur et de tout nouveau. Tout au contraire : le caractère inaccessible de la vérité et le défaut de sens laissent seulement advenir la question de la valeur et du nouveau en général. L'apparition de la vérité signifie toujours en même temps une destruction de la valeur ou de l'œuvre culturelle qui rend cette vérité accessible. Car la vérité place chacun devant un choix impossible entre le sens absolu et le non-sens total, tous deux rendant l'œuvre elle-même superflue. C'est seulement dans l'ordre de la signification qu'une hiérarchie axiologique acquiert sa validité. Et c'est seulement dans l'ordre des signifiants que peut être posée la question du signifiant du présent, du nouveau, de l'actuel, du vrai, du sensé, de l'authentique, de l'immédiat : non pas la question de la manifestation immédiate du présent dans sa présence métaphysique au-delà de toute signification, mais celle d'un signifiant auquel peut et doit être attribuée la valeur consistant à désigner ici et maintenant la présence du présent ou l'Autre de la tradition.

Si le nouveau n'est pas une révélation de l'occulte — et n'est donc pas une découverte, une création ou une production de l'interne —, cela implique également que pour l'innovation tout est d'emblée ouvert, non caché, visible et accessible. L'innovation n'opère pas avec les choses extra-culturelles elles-mêmes, mais avec les hiérarchies et les valeurs culturelles. L'innovation ne consiste pas en ce que quelque chose qui était caché vient à apparaître, mais en ce que la valeur de ce qu'on a toujours déjà vu et connu est transvaluée.

La transvaluation des valeurs constitue la forme générale de l'innovation : le vrai ou le raffiné, qui passent pour dotés de valeur, y sont dévalorisés, tandis que le profane, l'étranger, le primitif ou le vulgaire, auparavant considérés comme dénués de valeur, y sont valorisés. En tant que transvaluation des valeurs, l'innovation est une opération économique. Par conséquent, la demande de nouveau relève du domaine des forces économiques qui déterminent la vie de la société dans sa totalité. L'économie est un commerce (Handel) de valeurs à l'intérieur de certaines hiérarchies de valeurs. Ce commerce est exigé de tous ceux qui veulent prendre part à la vie sociale. Et la culture en est une partie. Toutefois, la distinction usuelle entre valeurs matérielles et valeurs idéales n'est pas pertinente : l'affirmation selon laquelle un produit culturel a une valeur idéale qui ne correspond pas à sa valeur matérielle signifie à proprement parler seulement que ce produit est « matériellement » surévalué ou sous-évalué, et elle comporte implicitement l'exigence d'ajuster sa valeur matérielle à sa valeur idéale.

À vrai dire, la soumission de la culture à des forces économiques fut sans cesse accusée dans le passé de trahir la mission originelle de la culture, celle d'aspirer à la vérité et de la mettre en évidence. Mais ce reproche repose sur un malentendu fondamental. Il provient en effet de la conviction que le fonctionnement du système économique est intelligible, qu'il est possible de décrire et de systématiser les forces économiques, que l'économie constitue somme toute un système dont la structure est susceptible d'être examinée et décrite de manière scientifique. Si tel était le cas, toute activité culturelle soumise à la contrainte (Zwang) économique serait en fait tautologique et superflue, puisqu'elle ne ferait que reproduire un système dont la constitution interne et le mode d'action seraient déjà connus. Loin d'être nouveau, le nouveau ne serait alors réellement qu'une confirmation du système, du marché, des rapports dominants de production[9]. Mais croire que l'économie est susceptible d'être décrite relève de l'illusion.

Toute description de l'économie est avant tout un acte culturel, un produit culturel. En tant que telle, elle fait également partie de l'activité économique et est elle-même soumise à la logique de l'économie : toute systématisation de l'économie est un commerce et est commercialisée. Il est impossible de se soustraire à l'économie et de la décrire ou de la maîtriser de l'extérieur, comme un système clos. Le rêve d'une description et d'une maîtrise systématiques de l'économie a animé presque toutes les utopies des temps modernes et a constitué le fondement idéologique de tous les régimes totalitaires modernes. Aujourd'hui, ce rêve semble bien s'être évanoui. La critique de l'économie est menée d'un point de vue économique, tout autant que son apologie, son interprétation, son explication scientifique. Le fait que nous soyons tous soumis aux lois et aux exigences de l'économie ne signifie pas que nous soyons en mesure de connaître ces lois en prenant du recul par rapport aux forces économiques et en les considérant de l'extérieur. Pareil point de vue à distance ne nous est pas donné. La seule possibilité de comprendre l'économie consiste à y prendre part activement. Ce n'est qu'en agissant de manière novatrice, dans le sens des exigences économiques, que nous apprenons en quoi consistent ces exigences. Car souvent ce qui se révèle novateur est tout autre que ce que nous imaginions à l'origine. Et de ce point de vue, l'innovation culturelle constitue peut-être le meilleur moyen d'étudier la logique économique, car c'est en général l'innovation la plus conséquente, la plus réfléchie et la plus explicite.

Du fait de sa dynamique et de sa capacité d'innovation, la culture est le domaine d'activité de la logique économique *par excellence*. En ce sens, le fait d'en appeler à cette logique ne représente pas une interprétation réductionniste de la culture. Car un tel point de vue ne revient pas à concevoir la culture disons comme une superstructure, comme une expression extérieure de nécessités économiques occultes dont la vérité cachée serait susceptible d'être décrite de manière scientifique, comme c'est par exemple le cas dans le marxisme. Ce genre de conception réductionniste de la culture découle avant tout d'une conception réductionniste de l'économie. La logique économique se manifeste aussi de manière suffisamment spécifique dans la logique culturelle. C'est pourquoi la culture est tout aussi indispensable que l'économie elle-même. Et par conséquent, l'économie de la culture n'est pas une description de la culture en tant qu'elle serait une représentation de processus économiques extra-culturels. Elle est bien plutôt la tentative de comprendre la logique du développement culturel lui-même comme une logique économique de transvaluation des valeurs.

Du reste, l'économie au sens indiqué plus haut ne s'identifie pas au marché. Elle est plus ancienne et plus large que ce dernier, qui ne représente lui-même qu'une expression novatrice spécifique de l'économie et ne peut donc être pris sans quelque réserve pour l'origine clairement déterminable de l'innovation. L'économie du sacrifice, de la dépense, de la violence et de la conquête est tout autant à considérer que l'économie de l'échange de marchandises[10]. Dans ce qui suit, on tente de caractériser quelques-unes des orientations et des stratégies essentielles de l'économie culturelle, c'est-à-dire de l'économie de la transvaluation des valeurs culturelles. Loin de constituer un système clos, ces caractérisations sont au contraire dirigées contre de semblables systèmes clos où sont décrites des déterminations cachées et extra-culturelles.

Cependant, le fait que la théorie et l'art soient ici caractérisés avant tout comme des formes de rapport aux valeurs culturelles ne signifie, pas bien entendu, que leur contenu soit complètement épuisé par une quelconque logique économique de l'innovation. Tout artiste ou théoricien traite, dans ses œuvres, des problèmes les plus divers de son époque, des conditions communes à l'humanité toute entière ou bien de ses affaires, obsessions ou idiosyncrasies les plus personnelles, qui donnent lieu aux interprétations les plus différentes de ses créations sans jamais permettre cependant un jugement définitif sur ces dernières. Tous ces aspects, au plus haut point divers, des valeurs culturelles ne fondent cependant pas leur valeur ; en d'autres termes, ils ne sont pas la véritable cause qui incite à s'en préoccuper. Toutes les œuvres de pensée et d'art justifieraient ce genre d'enquêtes et d'interprétations, dans la mesure où elles comportent toutes des aspects qui sont pertinents sur le plan personnel, social, ou bien théorique et artistique. Malgré tout, la recherche concentre inévitablement son intérêt sur un petit nombre d'œuvres qui sortent du lot, alors même qu'il serait impossible de prouver que celles-ci sont, quant à leur contenu, plus significatives que toutes les autres. Ici se pose donc une question centrale : d'où une œuvre culturelle tire-t-elle sa valeur ?

On dira peut-être qu'une œuvre d'art est dotée de valeur si elle suit avec succès une tradition artistique dont la valeur est reconnue. Une œuvre d'art nouvelle doit donc s'adapter à certains critères, être créée d'après certains modèles, pour pouvoir être reconnue comme ayant de la valeur. Cela vaut également pour la théorie : une œuvre théorique doit s'intégrer à une tradition donatrice de valeur (wertgebende), être construite de manière logique, être pourvue de notes, être écrite dans une certaine langue pour être vraiment perçue et reconnue comme telle.

Mais sur quoi se fonde la valeur d'une œuvre qui rompt avec les modèles traditionnels ?

La réponse traditionnelle à cette question est cette fois que ce genre d'œuvres novatrices ne se rapportent pas à la tradition culturelle, mais à la réalité extra-culturelle. À première vue, cette réponse semble plausible : car si le monde se partage entre la culture et la réalité, ce qui ne ressemble pas à la culture doit être la réalité. Aux critères extérieurs de forme, de rhétorique, d'adaptation normative à la tradition culturelle, se substituent alors les critères de la vérité ou du sens, c'est-à-dire la référence à la réalité extra-culturelle, occultée par les conventions culturelles. À présent, l'œuvre d'art ou l'œuvre théorique n'est plus questionnée et jugée d'après sa conformité à la tradition culturelle, mais d'après le rapport qu'elle entretient avec la réalité extra-culturelle.

Mais il en résulte une ambivalence, qui, historiquement, a de plus en plus remis en question le concept de vérité. Pour être en mesure de désigner, représenter, décrire, manifester la réalité extra-culturelle, une œuvre culturelle doit commencer par se différencier de cette dernière. Cette distance par rapport à la réalité, où s'atteste l'appartenance d'une œuvre à la culture, est la condition nécessaire de sa ressemblance à la réalité extra-culturelle, laquelle témoigne de sa vérité. La valeur d'une œuvre culturelle originale et novatrice est donc toujours d'abord définie par son rapport à la tradition culturelle — même lorsqu'on justifie un écart de sa part par rapport à cette tradition en invoquant sa vérité, son rapport à la réalité.

L'art de l'époque moderne, qui avait rompu au moins depuis la Renaissance avec sa tradition antérieure au profit d'une représentation de la réalité visant à être adéquate et vraie du point de vue mimétique, a également pris ses distances au vingtième siècle vis-à-vis de la reproduction fidèle de la réalité extérieure, après que celle-ci soit à son tour devenue une convention culturelle. Après que beaucoup aient, en un premier temps, persisté à interpréter l'art de l'avant-garde comme un reflet de la réalité interne, cachée, comme une poursuite de la quête de la vérité, le recours artistique à des readymades, c'est-à-dire à des citations directes de la réalité extra-culturelle, pratiquée dans l'art depuis Marcel Duchamp, remit radicalement en question le concept de vérité. En citant directement la réalité elle-même, l'œuvre d'art devient vraie d'une façon tout à fait triviale ; car ici, son accord avec la réalité extérieure est nécessairement donné. Dans ce cas, le rapport à la vérité relativise la différence entre une œuvre d'art, qui reproduit la réalité à partir d'une position privilégiée, et une simple chose appartenant à la réalité elle-même. Néanmoins, la question de la valeur de l'œuvre demeure aussi peu résolue qu'auparavant. Il se révèle qu'il est impossible de répondre à cette question en recourant à la réalité, et que la vérité d'une œuvre ne peut fonder sa valeur. Par conséquent, la question de la valeur d'une œuvre reste la question de sa relation avec la tradition et avec les autres œuvres culturelles.

De manière analogue à l'art du vingtième siècle, diverses théories modernes, et surtout post-modernes, font de l'inconscient leur thème principal. Ce faisant, elles parlent de quelque chose qui est caché, qui ne peut être désigné, et par rapport à quoi elles ne se situent pas dans une relation de vérité. Tandis que certaines théories antérieures de l'inconscient ont encore pu prétendre penser l'inconscient comme du simplement non encore pensé, les théories post-modernes parlent de l'impensable, du radicalement Autre, de l'inconcevable. Mais si une description théorique adéquate de la réalité extra-culturelle et inconsciente est devenue impossible, du fait que cette dernière se soustrait à toute description de ce genre, alors c'est aussi la différence principielle entre le discours théorique et le discours non théorique qui s'évanouit. Car dans ces conditions, c'est pour tous les modes de discours que l'Autre est inaccessible. De fait, les textes théoriques post-modernes utilisent des formes de langage qui font fonction de readymades linguistiques — ou bien qui valent comme citations directes de la réalité de la vie de la conscience, vie dépourvue de toute norme logique et de toute forme. Ici se pose donc la question de la valeur de ce genre de textes théoriques. Ayant abandonné toute prétention à la vérité, ils ne peuvent être évalués que dans le contexte des autres textes théoriques. Par conséquent, ni l'art novateur ni la théorie novatrice ne peuvent être décrits et justifiés selon leur rapport significatif (signifikativ) à la réalité, ou, ce qui revient au même, selon leur vérité. La question n'est donc pas de savoir s'ils sont vrais ou non, mais s'ils ont une valeur culturelle.

Pour répondre à cette question, il est nécessaire d'en revenir à l'idée de départ, d'où procédait la question de la vérité comme rapport à la réalité extra-culturelle. La réalité est complémentaire de la tradition culturelle : est réel ce qui n'est pas culturel. Si la tradition culturelle est normative, la réalité est profane. L'œuvre nouvelle, qui ne ressemble pas aux modèles culturels, est dès lors reconnue comme réelle. L'effet de réalité ou de vérité d'une œuvre culturelle provient donc du rapport spécifique qu'elle entretient avec la tradition. Par conséquent, l'innovation est un acte d'adaptation négative à la tradition culturelle.

L'adaptation positive consiste à réaliser l'œuvre nouvelle conformément aux modèles traditionnels. L'adaptation négative consiste à réaliser l'œuvre nouvelle non conformément aux modèles traditionnels, à la placer en contraste avec eux. Dans les deux cas, l'œuvre nouvelle entretient une relation déterminée avec la tradition — peu importe que ce soit de façon positive ou négative. Cependant, le profane, ou la réalité extra-culturelle, ne fait office dans les deux cas que de matériau. L'abandon des modèles de la tradition modifie les choses profanes, non moins que leur adaptation positive à cette tradition. En effet, l'utilisation culturelle de ces choses les purifie de tout ce qui les rend semblables « dans la réalité » aux modèles traditionnels : des readymades paraissent toujours beaucoup plus profanes et réels que la réalité elle-même[12]. Lorsqu'il s'agit de juger de la valeur d'une œuvre culturelle, la question centrale est donc celle de la relation qu'elle entretient avec la tradition culturelle, celle de la réussite de son adaptation positive ou négative à cette dernière. La référence à la réalité extra-culturelle ne constitue qu'une étape historique d'une adaptation négative, qui a pour sa part des modèles dans la tradition culturelle elle-même.

C'est pourquoi dans ce qui suit, l'art servira de fil conducteur à notre discussion. En effet, le cœur de cette dernière n'est pas la question « qu'est-ce qui est ? » ou « qu'est-ce qui vrai ? » — où l'on s'enquiert du rapport à la nature, à la réalité, au réel —, mais la question de savoir comment une œuvre artistique ou théorique doit être faite pour être considérée comme dotée de valeur du point de vue culturel. Car si certaines théories de l'inconscient en tant qu'indescriptible et ininterprétable, de même que certaines œuvres d'art, excluent la question de la vérité comme relation mimétique, reproductrice, à la réalité, de quelque manière qu'on la comprenne — elles ont assurément une valeur culturelle. Du reste, on ne peut se débarrasser de ces œuvres en prétextant que l'on n'est pas d'accord avec elles ou que l'on ne les accepte pas en tant qu'œuvres d'art : leur seule présence dans la culture nous contraint à reprendre à nouveaux frais l'examen des mécanismes de la production culturelle dans sa totalité.

De plus, la question de la valeur d'une œuvre est également, d'un certain point de vue, plus ancienne que la question de la vérité comme rapport de l'œuvre à la réalité : la question de la vérité tire son origine d'une révolte contre la tradition, d'emblée exigée par cette tradition elle-même — et seule cette exigence confère à la révolte sa valeur culturelle. C'est seulement lorsqu'une œuvre donnée acquiert une valeur culturelle qu'elle devient également intéressante et pertinente pour l'interprétation — et non l'inverse. Par l'innovation et par la valeur culturelle qui en résulte, un théoricien ou un artiste s'arroge donc le droit de présenter à la société ses préoccupations personnelles, profanes et « réelles ». La société accorde moins d'intérêt, voire n'accorde aucun intérêt, aux préoccupations d'autres êtres humains, bien qu'en tant que telles, elles puissent ne pas être moins importantes ou urgentes. Toute œuvre culturelle accomplit une transvaluation des valeurs ayant pour effet de valoriser également la personnalité profane, ou réelle, de son auteur[13]. C'est pourquoi nous nous intéresserons ici avant tout à la logique, propre à l'économie culturelle, de la transvaluation des valeurs culturelles, qui seule crée les conditions d'une vue d'ensemble de la réalité ainsi que celles de la question de la vérité comme rapport à la réalité.

PREMIÈRE PARTIE

LE NOUVEAU DANS L'ARCHIVE

Le nouveau entre passé et futur

C'est avant tout lorsque des valeurs anciennes sont archivées et ainsi préservées du travail destructeur du temps que le nouveau est requis. Là où il n'existe pas d'archives comme là où elles sont menacées dans leur existence physique, on préfère continuer à transmettre la tradition sous une forme intacte plutôt que d'innover. Ou encore, on en appelle à des principes et des idées que l'on considère comme indépendants du temps, et en ce sens comme étant à chaque moment immédiatement accessibles et constants. De tels principes et de telles idées prétendument indépendants du temps, on les suppose « vrais » en espérant qu'ils subsisteraient ou qu'ils seraient redécouverts au cas où leur fixation culturelle viendrait à être détruite. Afin de reproduire le plus fidèlement possible la nature, qu'il considère comme immuable dans ses aspects essentiels, l'art classique obéit à un canon déterminé ou bien en appelle à la *mimesis* de la nature. Dès lors, la pensée doit obéir à une tradition mythique ou bien aux lois immuables de la logique. C'est seulement lorsque la conservation de l'ancien semble garantie du point de vue de la technique et de la civilisation que l'on commence à s'intéresser au nouveau, car il paraît alors superflu de produire des œuvres tautologiques et épigonales se contentant de répéter ce que les archives contiennent déjà depuis longtemps. Le nouveau ne devient donc une demande positive — cessant par là même de représenter un danger — que lorsque l'identité de la tradition est obtenue grâce à des aménagements et à des moyens techniques et qu'elle devient accessible à tous, et non pas par la prétendue permanence idéale de la vérité.

Dans l'Antiquité classique et au Moyen Âge européen, l'orientation vers le nouveau était en général condamnée : on n'y voyait qu'une concession aux puissances du temps, éloignant des modèles transmis oralement ou par l'écrit. La principale tâche qu'on attribuait à la pensée était de résister continuellement au cours du temps, qui détruit imperceptiblement le souvenir de la tradition, ainsi que de préserver le mieux possible l'héritage séculaire contre les innovations déformantes. On ne pouvait donc se représenter le nouveau que sous la forme d'une déformation ou d'une faute commise involontairement, par distraction ou encore sous la pression de circonstances changeantes. Dans cette perspective, persévérer activement dans le nouveau ne pouvait être conçu que comme une adaptation amorale aux faiblesses de la mémoire humaine ou aux exigences des puissances mondaines.

Aujourd'hui, l'opinion courante veut que l'attitude à l'égard du nouveau se soit complètement modifiée dans la modernité, pour devenir totalement apologétique[1]. Mais en réalité, ce changement n'est pas aussi radical qu'il pourrait le sembler. À la différence de la plupart des siècles antérieurs, la pensée moderne part du présupposé que la vérité universelle est susceptible de se manifester dans le présent ou dans le futur, et pas uniquement dans le passé. En d'autres termes, que la vérité s'annonce dans la réalité sous la forme du sens, de l'essence, de l'être, etc., par-delà la tradition. C'est pourquoi l'homme moderne a réellement tendance à attendre et à espérer que cette nouvelle vérité se manifeste à lui et le libère de ses erreurs antérieures. Toutefois, même dans la modernité, cette vérité qui se manifeste au cours du temps est conçue comme éternelle et extra-temporelle. Par conséquent, une fois qu'elle s'est dévoilée, elle fait l'objet d'une conservation continuelle à destination du futur. Voilà pourquoi dans la modernité, on s'imagine en général ce futur à la manière dont on se représentait autrefois le passé — comme harmonieux, immuable et subordonné à la seule et unique vérité. L'utopisme des modernes est à sa manière un conservatisme du futur. Ce n'est pas un hasard si cet utopisme a approuvé l'œuvre destructrice des guerres et des révolutions : ces destructions massives des archives historiques, loin de mettre en danger la vérité universelle nouvellement découverte, ne pouvaient que la libérer et la purifier du fardeau du passé. Si le lieu propre de la vérité est la réalité elle-même, la disparition de la tradition ne peut en aucune façon nuire à la vérité. De là vient également que les idéologies modernes, dès l'instant où elle s'étaient emparées du pouvoir, se soient sans cesse réclamées de positions extrêmement conservatrices. Ce fut le cas récemment encore en Union Soviétique. Ces idéologies seraient parvenues à la vérité et auraient par leur propre victoire achevé l'histoire ; désormais, plus rien de nouveau ne serait possible. Mais par là même, les structures les plus archaïques de la pensée se sont vues immédiatement rétablies[2].

En un sens, même, s'orienter vers une vérité qui se manifeste dans le temps, c'est radicaliser la prétention de cette vérité à l'antériorité temporelle et à l'originarité. Cette conception moderne de la vérité se rencontre déjà chez Platon : l'âme se remémore la vérité qui lui est donnée avant même qu'elle soit née dans le monde, que n'ait commencé aucune tradition et que n'ait commencé le monde comme tel. Ici, la nouvelle vérité se révèle encore plus ancienne et plus originelle qu'aucune tradition explicitement présente dans la culture. Cette conception de la nouvelle vérité comme encore plus originelle qu'aucune tradition culturelle orale ou écrite est également répandue dans la modernité. En recherchant les formes logiques fondamentales et les structures fondamentales de la perception, du langage, de l'expérience esthétique, etc, la philosophie et l'art modernes aspirent constamment à quelque chose qui ne soit pas susceptible d'être relativisé au cours du temps. Par exemple, Nietzsche et Freud exploitent le matériau des anciens mythes, Marx appelle à revenir, grâce à un nouveau stade de développement, à la société originelle qui ignore la propriété privée. L'art moderne se tourne vers la culture des peuples primitifs, vers l'enfantin et vers l'élémentaire[3]. Ni la conception du nouveau comme antérieur à tout temps historique, ni l'exigence que la vérité soit plus originelle que toutes les erreurs lui succédant, n'a connu de modification essentielle avec la modernité.

Le « Cogito ergo sum » de Descartes passe ordinairement pour être le commencement de la philosophie des temps modernes. Par cette devise, Descartes entreprit la tentative de sortir des limites de tout ce qui est susceptible d'être remis en doute et qui, par conséquent, se révèle variable dans le temps historique, pour fonder une méthodologie permettant d'organiser le futur sur des bases homogènes, rationnelles, universelles et immuables[4]. Les tendances artistiques les plus influentes de la modernité poursuivirent le même but. Qu'il suffise de penser au doute méthodique radical envers la permanence de formes artistiques historiques, tel qu'on le voit s'exprimer par exemple chez Malevitch ou chez Mondrian par les moyens de l'art même. Ces deux peintres tentèrent de mettre en évidence la structure formelle de tout tableau possible en dehors de toutes ses manifestations historiques déterminées, pour ensuite proclamer cette structure formelle, mise pour la première fois en évidence, comme le style artistique universel du futur[5].

La pensée et la culture des temps modernes sont disposées à se placer en opposition au passé. Mais elles ne sont pas disposées à le faire par rapport au futur, qu'elles conçoivent comme le domaine de leur expansion illimitée. Ici, le futur est considéré comme une simple continuation du présent, de même qu'autrefois le présent était considéré comme une simple continuation du passé. C'est ce qui s'applique également aux théories des temps modernes, qui cherchent au maximum à intégrer les exigences de l'historicité.

Il est vrai qu'au moins depuis le romantisme et l'effondrement de l'historicisme hégélien une tendance philosophique influente affirme que ni une vérité extra-historique ni un futur immuable, utopique, construit sur des bases homogènes et rationnelles, ne sont accessibles. Toutefois, cette acceptation de l'historique va généralement de pair avec l'affirmation que tout ce qui est historique est unique en son genre, non répétable, incomparable, immédiat[6]. Mais si aucune comparaison n'est envisageable, l'existence du nouveau devient impossible. Dès lors, il règne certes une dynamique ininterrompue, de même qu'une tension et une activité peu communes ; mais ce mouvement constant, ininterrompu, demeure monotone et sans aucune valeur. Les clichés romantiques sont les plus stables et les plus monotones qui soient. L'utopie romantique est une utopie du mouvement et du sans-pareil, se présentant en dehors des archives comme toujours ouverte et accessible. En tant que telle, cette utopie ne se distingue pas de manière essentielle de l'utopie classique des vérités éternelles.

Cette utopie fondamentale de la modernité reste également déterminante dans le marxisme, l'existentialisme, l'herméneutique, la psychanalyse, la philosophie de la vie, le structuralisme, l'école heideggerienne ou le déconstructionnisme, pour ne nommer que quelques tendances philosophiques apparues dans la succession de Hegel. Toutes ces théories créent certes des discours qui permettent de décrire la relativité historique de la vérité. Cependant, en eux-mêmes, ces discours ne sont pas conçus comme étant relatifs du point de vue historique. Ici, la question de savoir jusqu'à quel point chacun de ces discours affirme la possibilité de décrire et de maîtriser la logique interne du changement historique, ou bien au contraire jusqu'à quel point il nie une telle possibilité, ne joue pas un rôle essentiel. C'est précisément la référence à l'occultation (Verborgenheit) et à la différence principielles de l'« Être » ou de l'« Autre », responsable selon Heidegger ou les théoriciens du post-structuralisme français du changement historique, qui permet de poursuivre indéfiniment la conversation sur cet « Autre » occulte, et ainsi d'occuper tout l'horizon du futur[7]. Là où l'objet du discours se dérobe sans cesse, le discours se révèle lui-même infini : l'infinité de l'interprétation, de la textualité, du désir, mène au-delà de tout présent ou de tout futur historique. Même lorsque le thème de ce discours est la finitude et la différence radicales, comme par exemple chez Derrida, il est impossible de lui assigner un terme, c'est-à-dire de déterminer ses limites propres et de le différencier de quoi que ce soit d'autre, ce qui permettrait d'assigner une limite à son expansion dans le temps.

L'Autre, tenu pour responsable du changement historique, est désigné comme nature, histoire, vie, désir, lutte des classes, instinct racial, technologie, langage, appel de l'être, textualité ou différence. Ce que tout cela a en commun, c'est la référence à quelque chose d'extra-culturel, à quelque chose dont la culture n'a pas connaissance ou qui se dérobe devant elle, qui n'est pas contrôlé par la culture et qui, pour cette raison, la détermine. Beaucoup croient pouvoir reconnaître l'Autre dans l'Esprit dialectique hégélien. D'autres, par exemple Heidegger ou Derrida, ne peuvent invoquer l'Autre que comme principiellement occulte ou s'occultant sans cesse. Cependant, en attribuant à l'Autre, c'est-à-dire, à proprement parler, au temps conçu de telle ou telle manière, une réalité elle-même indépendante de la culture, en même temps que l'aptitude à régir de l'intérieur la culture, à la renouveler et ainsi à déterminer des formes culturelles, les discours philosophiques et les pratiques artistiques qui invoquent l'Autre prétendent tous à un statut particulier dans le contexte culturel et, en fin de compte, entendent déterminer la culture. Indépendamment de la manière dont ces discours et ces pratiques se réfèrent à l'Autre — que ce soit sur un mode positif ou négatif, direct ou indirect, apologétique ou apophantique —, ils se définissent au fond eux-mêmes comme méta-culturels et comme déterminant le futur. En invoquant le temps lui-même, ils se considèrent comme immunisés contre le changement historique, qui a lieu dans le temps.

Cependant, le changement temporel ne constitue pas la cause occulte du changement axiologique dans lequel le temps, comme on le dit si bien, trouve à s'exprimer. La logique de la transvaluation des valeurs contraint au nouveau, même lorsque le temps n'y pousse pas le moins du monde[8] : cette logique est une stratégie économique qui produit de manière consciente et artificielle une nouvelle époque. Et même ce qui apparaît de manière quasi-inconsciente dans le temps ne devient une valeur culturelle qu'en vertu de cette logique. Les hiérarchies axiologiques ne se modifient pas automatiquement, en évoluant dans le temps ; c'est selon le rapport aux valeurs que les événements temporels sont utilisés de manière positive ou négative, dans la perspective supra-temporelle des archives culturelles et de la comparaison que ces dernières rendent possible.

Le nouveau n'est pas seulement l'Autre

La représentation selon laquelle le nouveau en matière historique ne peut apparaître dans la culture que sous l'effet de l'action exercée par un Autre extra-culturel se fonde sur une sorte de conception newtonienne de la mécanique du mouvement culturel. D'après Newton, un corps abandonné à lui-même se meut de manière uniforme et rectiligne. S'il change de direction ou de vitesse, c'est que quelque chose a agi sur lui de l'extérieur. Quant à la culture, il est également admis que si elle se mouvait d'elle-même, elle continuerait de manière purement inerte la tradition existante. La culture n'est contrainte à cesser de reproduire automatiquement des modèles traditionnels que par l'action occulte de Dieu, de la nature ou de l'individualité extra-culturelle et non réductible d'un auteur particulier, du pouvoir de l'inconscient qui s'exprime à travers lui, ou encore par la différence. Selon cette représentation, si l'homme n'était pas « vivant », c'est-à-dire différent de quelque culture « morte » que ce soit, rien ne le distinguerait d'une machine, qui travaille continuellement d'après un seul et même programme jusqu'à épuisement[9]. C'est de cette représentation de la culture comme somme et reproduction stéréotypée de modèles immuables que provient l'appel à Dieu, à l'être, à la vie ou à la différence, qui, en modifiant pour ainsi dire de manière occulte le programme de la culture, produisent en elle le nouveau. Dès lors, l'origine du nouveau ne peut être que l'oubli de la tradition culturelle et l'abandon de toute la somme de préjugés, de conventions mortes et de formes dépassées qui la constitue, ainsi que la proclamation de l'Autre en soi. De là également le scepticisme post-moderne quant à la possibilité même du nouveau en général dans la culture ultra mécanisée qui est la nôtre. Si les sources de la vie immédiate sont taries et si l'oubli de la tradition culturelle, censé conduire à la remémoration d'une réalité extra-culturelle originelle ainsi qu'à sa manifestation immédiate et irréfléchie, ne semble plus être possible, alors c'est également l'apparition du réellement nouveau qui doit se révéler impossible.

Mais le nouveau n'est jamais simplement l'Autre de la tradition. Il est toujours aussi quelque chose qui est doté de valeur, qui fait ressortir une période historique déterminée et accorde au présent une prévalence sur le passé comme sur le futur. Si donc le nouveau est conçu comme ce qui est engendré par l'action de l'Autre sur la culture et la tradition, il ne peut demeurer un simple symptôme de l'Autre. Il doit bien plutôt montrer l'Autre lui-même et son influence sur la tradition, le rendre accessible, visible et compréhensible. C'est pourquoi dans la modernité, les théories de la nature, du désir ou de l'inconscient qui parlent de l'Autre, ou l'art, qui cherche à montrer l'Autre, bénéficient de la plus grande attention. Si l'Autre lui-même ne se donne pas à reconnaître de façon absolue dans le nouveau, le nouveau se dissout dans la masse de l'Autre ; l'histoire se dissout dans le jeu des différences.

De là également les réserves post-structuralistes vis-à-vis du nouveau. L'Autre continue certes à agir, mais son action demeure occulte ; et bien que le culturellement Autre soit constamment produit, il n'acquiert aucun statut axiologique. Le discours sur le caractère occulte de l'Autre devient alors le dernier phénomène culturel qui puisse prétendre à un tel statut axiologique. Tout nouveau supplémentaire se révèle quelconque et superflu, puisqu'en aucune manière il ne dévoile ni ne peut dévoiler son origine occulte[10]. Puisque l'Autre occulte ne se montre distinctement ni dans telle différence concrète ni dans telle autre, toutes les différences finissent par se perdre dans une masse indifférenciée. Le phantasme de l'Autre, qui servait autrefois, à l'époque du modernisme, de source à l'optimisme culturel, devient maintenant la source du pessimisme culturel. La différence consiste bien moins dans une prédisposition foncière qu'en ce qu'au fil du temps, l'Autre, toujours plus occulte et lointain, se dérobe toujours davantage dans le futur, se présente comme de plus en plus radicalement Autre et, en sa qualité même d'Autre, se fait de plus en plus inaccessible.

À vrai dire, les théories post-structuralistes ou post-modernes de l'Autre occulte n'ont jamais cessé de s'orienter vers le nouveau. La société les accueille comme nouvelles, et elles-mêmes affirment leur nouveauté par rapport aux théories antérieures. Ce qu'elles ont de nouveau est précisément l'affirmation selon laquelle l'Autre s'occulte et n'admet aucun énoncé essentiel à son propos. Cependant, cette définition purement négative de l'Autre n'est bien entendu possible et sensée que si l'on tient en même temps compte de toute l'histoire des tentatives précédentes pour en donner une définition positive. S'il n'y a rien à dire sur l'Autre, on ne devrait pas non plus, au fond, en parler. On ne devrait même pas parler du fait que l'on ne devrait pas parler de l'Autre, ce que faisait encore Wittgenstein[11]. À l'instant même où la post-modernité, en tant qu'idéologie, touche réellement les masses, le désir de parler du caractère occulte de l'Autre disparaît ; seule demeure la masse « pluraliste » indifférenciée des différences existantes, qui ne permet de faire aucune sorte de choix sensé. C'est dans cette situation que se trouve aujourd'hui la culture, à la suite de la critique post-moderne des années soixante et soixante-dix. Plus rien d'identique, mais également plus rien d'Autre, ne semble susceptible d'être intéressant, pertinent, doté de valeur et de s'imposer en tant que différence essentielle vis-à-vis de l'identique — tout s'est dissout dans le jeu de différences partielles.

Néanmoins, en pratique, la culture considère toujours certaines différences comme intéressantes et dotées de valeur, et d'autres non. En d'autres termes, elle continue à définir certaines différences comme nouvelles et pertinentes, et d'autres comme triviales et non pertinentes. C'est pourquoi les problèmes que pose le choix de certaines œuvres culturelles pour des archives telles que les bibliothèques, les musées, les cinémathèques, avec tous les phénomènes de mode, de succès social et de prestige qui en découlent, sont indéniables. Ainsi, les critiques de ces archives et des privilèges culturels qui y correspondent s'efforcent toujours de montrer que les différences culturelles qui existent entre divers groupes socialement non reconnus et les archives établies sont trop essentielles pour qu'on puisse les ignorer[12]. D'où par exemple la critique de la culture au nom des femmes, des minorités ethniques ou sexuelles, ainsi que les efforts déployés par certains écrivains et artistes en vue de faire ressortir leur propre individualité et de consolider sur le plan théorique la valeur de leurs œuvres, afin de se créer un mythe personnel et de se ménager par là un accès aux archives. Dans chacun de ces cas, les différences d'environnement (Umfeld) se voient reconnaître une signification toute particulière ; de là découle la prétention à une représentation culturelle dans les archives établies.

Mais si aucune différence intra-culturelle n'est plus habilitée à représenter l'Autre comme tel, si donc au fondement de tout il y a l'égalité du différent, de même qu'il y avait autrefois l'égalité du même, si toute activité culturelle a aujourd'hui pour horizon ce pluralisme culturel totalement indifférencié, comment dès lors distinguer le nouveau du simplement différent ? Ou encore, pour poser la question d'une autre manière, comment la différence qui a une valeur culturelle se distingue-t-elle de la différence qui n'en a pas ?

Le nouveau n'a son origine
ni dans le passé ni dans l'authenticité

Aujourd'hui, on a coutume de décrire les stratégies par lesquelles sont attribués des privilèges culturels comme de pures stratégies de marché, comme un effet de l'économie de marché, qui exige que soient créés des produits toujours nouveaux en vue d'atteindre un profit toujours plus élevé. Le statut socialement privilégié et axiologiquement élevé de certains discours et de certaines œuvres d'art est exclusivement rapporté au succès de la politique commerciale, ou plus exactement institutionnelle, de leurs auteurs et de leurs managers. Le résultat de cette politique n'a donc rien à voir avec la nature propre des discours ou des œuvres d'art concernés. Ce genre d'analyse écarte toute référence à des critères culturels, esthétiques ou qui seraient propres au contenu même, en n'y voyant qu'une publicité complémentaire uniquement destinée au public non initié[13].

Interpréter le nouveau comme résultant d'une orientation vers le marché est loin d'être une idée nouvelle. Dès les débuts de la modernité s'est attaché au nouveau le reproche de n'aspirer qu'à l'argent et au succès[14]. Les innovations qui sont apparues sous l'influence de la réalité hétérogène ou de l'Autre passent pour authentiques et dirigées contre le système social régnant. Les innovations inauthentiques, dictées uniquement par des stratégies de marché, sont en revanche conçues comme stabilisatrices de ce système. Mais du point de vue de la critique post-moderne, qui nie que l'Autre en soi puisse apparaître d'aucune manière, toutes les innovations peuvent être conçues comme inauthentiques. La seule exception consisterait peut-être à tenter d'exercer une critique sociale par les moyens de l'art ou de la théorie ; mais cette tentative se voit également reprocher d'être commerciale aussitôt qu'elle rencontre le moindre succès. C'est pourquoi l'orientation vers le nouveau ne semble plus seulement impossible, elle paraît de surcroît non désirée, parce qu'elle a cessé de jouer le rôle d'opposition politique qu'elle avait autrefois.

D'un certain point de vue, l'interprétation du marché comme force productrice de l'innovation est supérieure aux interprétations traditionnelles, qui continuent à s'en tenir au critère mimétique de la vérité même lorsque l'accès immédiat à la réalité est remis en question — c'est-à-dire lorsque le spectateur d'une œuvre d'art n'est plus en mesure de comparer cette œuvre avec ce qu'elle représente, ou encore lorsqu'une théorie se réfère à l'inconscient de manière telle que le lecteur, incapable de la comparer avec les processus ayant lieu dans sa propre conscience, ne peut dès lors la vérifier. La conception mimétique de la culture est ancrée si profondément dans la culture elle-même que l'art et la théorie sont perçus de manière quasi-automatique comme des instances du langage, comme des signes, comme des images. Même lorsque l'on part du principe que ces signes ne peuvent représenter de manière adéquate ce qui est désigné, c'est-à-dire la réalité qui se dissimule derrière eux ou bien l'Autre et qu'ils occultent cette réalité plutôt qu'ils ne la montrent — même alors, on continue à les interpréter comme des signes de la non-représentabilité, de l'Altérité radicale ou du sublime. Et par là même, on continue à attribuer aux produits culturels une vertu particulière d'« authenticité » : ils ne sont certes pas en mesure de parvenir à une représentation mimétique, mais du moins aspirent-ils, avec les meilleures intentions, à une telle représentation[15]. Par conséquent, l'authenticité est conçue comme une défaite involontaire de l'intention mimétique — comme *mimesis* du non-mimétique. Ici s'exprime un certain complexe d'infériorité de la culture moderne vis-à-vis de la tradition : les formes nouvelles, non vérifiables du point de vue mimétique, sont interprétées comme l'effet d'un accident dans la réalité elle-même ; un artiste ou un théoricien a tenté sincèrement de représenter la réalité au sens traditionnel ; il n'y est pas parvenu ; ce qu'il présente maintenant est l'image de sa défaite ; mais cette défaite est l'image fidèle de la réalité et de sa cruauté propre, intrinsèque[16].

La caractéristique de la critique moderniste est la conviction que les œuvres d'art ou les discours authentiques se distinguent des œuvres d'art ou des discours inauthentiques par une radicalité, une profondeur, une force de conviction ou une originalité particulières. Cette distinction est faite même par des auteurs post-modernes qui, comme par exemple Lyotard, sont enclins à identifier « flux de capital » et « flux de désir[17] ». En d'autres termes, on attribue par principe à l'entendement planificateur, travaillant de façon stratégique, l'incapacité à produire quelque chose de réellement nouveau, puisqu'il ne serait gouverné que par la pensée du succès et du profit. Le refus opposé pour des raisons morales à tout nouveau, et grâce auquel la conscience archaïque s'efforçait de conserver un lien immédiat au passé, se retrouve donc également dans la conscience éclairée de la modernité. La seule différence est qu'aujourd'hui, cette critique moraliste ne s'applique pas à tout nouveau, mais seulement à celui qui passe pour être inauthentique, c'est-à-dire qui ne se réfère pas à l'originel. Aujourd'hui encore, la distinction caractéristique de la modernité entre nouveau authentique et nouveau inauthentique — ce dernier n'étant produit que par « la quête du nouveau pour le nouveau », elle-même moralement répréhensible — détermine nombre de jugements sur la philosophie ou l'art.

Mais en pratique, il s'avère impossible de distinguer le nouveau authentique du nouveau inauthentique. En dernière instance, tout nouveau est déterminé d'après le degré auquel il se distingue de l'ancien dans la comparaison historique que les archives rendent possible. Mais cela signifie en même temps que le processus permettant de distinguer le nouveau de l'ancien doit être rationnel et contrôlable. Contrairement à une opinion universellement reçue, le nouveau authentique ne naît pas à la faveur d'une sorte d'oubli de soi. De son créateur, on exige en effet depuis les Lumières qu'il rejette toutes les traditions et tous les préjugés, toutes les formes d'habileté et de contrôle extérieur et rationnel, pour faire prévaloir les forces occultes, que celles-ci soient la raison pure transcendant toutes les vérités traditionnelles, l'inspiration, la nature, le désir, la vie ou les forces impersonnelles de la langue. Ainsi, le créateur du nouveau demeure seul face à la réalité elle-même ou encore, comme le pense par exemple Kandinsky, face à la « nécessité interne » qui lui dicte sa création[18]. Cependant, comment peut-on garantir que ces « produits culturels authentiques » continueront à être jugés nouveaux après avoir été comparés avec la culture déjà existante ? Pour autant qu'elle est donnée, cette nouveauté extérieure ne signifie-t-elle pas que l'oubli de soi n'était pas complet de la part du créateur, et que celui-ci a calculé très exactement la place de son propre produit culturel parmi les autres produits culturels ? De fait, si le critique est en mesure de comparer de l'extérieur et sur la base de critères déterminés de nouvelles productions culturelles avec des productions culturelles déjà existantes, et par là même de définir leur nouveauté — ou leur non-nouveauté — relative, on doit admettre que l'artiste ou l'écrivain le peut lui aussi. En dernière instance, la référence à l'authenticité se révèle n'être qu'une sorte de publicité et de stratégie commerciale, censée conférer à un artiste une aura particulière. On use de cette référence principalement pour préserver de l'évaluation critique l'art médiocre et de moindre originalité culturelle. Toutes les tentatives de ce genre ne conduisent qu'à des invectives mutuelles absurdes et à l'apparition de multiples coteries, dont chacune se tient pour authentique et tient toutes les autres pour inauthentiques.

En effet, une œuvre réalisée avec sincérité et authenticité peut, à la comparaison, se révéler parfaitement triviale et non originale. Être convaincu du contraire relève d'une idéologie dans laquelle la modernité se survit. Il s'agit de la croyance que la réalité est en elle-même différenciée et que les hommes sont par nature différents les uns des autres. Si chacun d'entre eux s'efforçait sincèrement de « devenir lui-même », il finirait automatiquement par se différencier des autres. De plus, tout homme serait à l'instant présent différent de ce qu'il était à l'instant précédent. Par conséquent, l'homme produirait à chaque instant quelque chose de nouveau, pourvu seulement qu'il obéisse constamment à son désir, à son impulsion vitale et à son intuition. De même que dans la modernité règne la conviction instinctive selon laquelle la culture obsolète constitue le domaine mécanique de l'identité, on suppose ici de manière aussi peu critique que la réalité autre, occulte, extra-culturelle, constitue le domaine de la différence, laquelle garantirait automatiquement le nouveau. Cette conviction provient en partie de ce qu'en dépit de toutes leurs tentatives, les époques précédentes ne sont jamais parvenues à garder la tradition, l'identique et la vérité à l'abri de tout changement. Cet échec fut imputé exclusivement à la réalité elle-même, qui, disait-on, exerce de manière occulte une action constante sur la culture. Mais on pourrait tout aussi bien penser que la cause de cet échec réside au contraire dans la culture elle-même. La représentation aujourd'hui dominante de la réalité comme domaine où règne en maître la différence ne peut avoir de prétention plus grande à la vérité que les doctrines antérieures de l'identité, garantie par Dieu, par l'esprit ou par l'idée.

On peut donc souscrire sans réserves à la critique de la conception moderne de l'authenticité, telle qu'elle est exercée à notre époque au nom du marché. Car cette critique considère les produits culturels non pas comme les signes d'une réalité cachée, mais comme des valeurs au sein d'un rapport économique, qu'il est impossible de fonder en faisant appel à une quelconque réalité cachée et imaginaire. Le seul problème est que la pensée post-moderne, post-authentique, continue en général à en appeler à l'Autre de la culture — celui-ci n'étant plus désormais l'Autre intérieur et caché, mais la situation extérieure du marché. Si autrefois, la production authentique de nouveau était généralement décrite comme une opération complètement passive, ne consistant qu'en un refus de l'ancien, de la tradition, de l'école et des « préjugés », le nouveau inauthentique se révèle à présent non moins passif. En lisant les nombreuses critiques contre l'orientation commerciale du nouveau, on pourrait penser qu'il n'y a rien de plus simple que de créer quelque chose de nouveau : il suffirait de se pénétrer du mauvais esprit du profit, de ne s'embarrasser ni de vérité ni de morale, d'avoir pour unique but la course au succès, et déjà le nouveau apparaîtrait de lui-même. La représentation selon laquelle le nouveau peut être si facilement créé trouve son origine dans la mentalité des époques antérieures, celles où la tradition était environnée de nombreuses tentations et de maints écarts possibles, et où il suffisait de se résoudre à faire le pas et de céder à ces tentations.

Sous sa forme usuelle, la référence au marché demeure donc constitutive d'une conception mimétique de la culture, cette dernière étant maintenant censée refléter les événements et les lois du marché. Mais la logique économique de la transvaluation des valeurs est la logique de la culture elle-même. La culture est toujours déjà une hiérarchie axiologique. Tout acte culturel entérine ou modifie cette hiérarchie, ou bien — dans la plupart des cas — fait ces deux choses à la fois. Une investigation relevant de l'économie de la culture n'a donc pas à se référer au marché comme à une réalité extra-culturelle. Des œuvres d'art et des théories sont commercialisées sur le marché conformément à la valeur qui leur est attribuée par les événements culturels. Une position réellement acquise ou anticipée dans les archives culturelles représente également pour le marché commercial l'attrait le plus important, car on y voit d'abord un placement financier stable. Pour cette seule raison, la culture n'est pas un reflet des événements extérieurs du marché, parce que le prix d'une œuvre culturelle sur le marché dépend de manière décisive de sa stabilité, qui lui est garantie par les archives culturelles.

Le nouveau n'est pas utopique

Pas plus que le recours moderne à une réalité intérieure occulte, la référence post-moderne aux lois du marché n'est donc susceptible d'apporter une réponse satisfaisante à la question de la nature et des sources du nouveau. Il s'ensuit que l'orientation vers le nouveau est la loi économique d'après laquelle fonctionne le mécanisme culturel lui-même, et qu'il n'y a pas lieu de chercher à expliquer le nouveau en se référant à un Autre extra-culturel. Lorsqu'il fonctionne normalement, le mécanisme culturel produit sans cesse du nouveau. Pour comprendre la nature du nouveau, il convient donc de rechercher ce qui, sur le plan intra-culturel, est exigé et attendu de l'artiste aussi bien que du théoricien, du critique ou de l'historien.

Le nouveau doit être distingué de l'utopique. En d'autres termes, le nouveau s'oppose autant au futur qu'au passé. Dans une culture techniquement archivée telle que la nôtre, l'auteur, normalement, n'ambitionne plus — à la différence des auteurs d'époques et de cultures plus agitées — que ses conceptions ou ses méthodes artistiques deviennent obligatoires dans le futur ou qu'à tout le moins elles y exercent une certaine influence. Il en résulte une modification complète de l'attitude initiale qu'adopte le théoricien ou l'artiste face au problème de la véracité de ses énoncés ou, respectivement, de ses méthodes. Si l'on suit le discours d'un théoricien contemporain ou si l'on adopte la méthode nouvellement créée d'un artiste actuel comme vérité universelle, on ne récoltera que leur indignation. Ils n'y verraient en effet qu'épigonalisme, ainsi qu'une menace contre leur propre originalité culturelle. Ici, on peut réellement voir dans le sentiment qu'un auteur a de lui-même une différence fondamentale entre notre époque et ce qui fut déterminant dans toute l'histoire culturelle, y compris à l'époque la plus récente. Autrefois, tout novateur désirait que ses idées jouissent d'une reconnaissance universelle, qu'elles soient partagées par le plus grand nombre possible, qu'elles marquent de leur empreinte le développement du futur, qu'elles demeurent inchangées dans le futur et que son propre nom devienne le symbole du futur. À ce désir utopique d'un futur absolu pour ses idées se mêlait en lui la peur panique qu'elles puissent être complètement perdues pour le futur au cas où elles se révéleraient non vraies, erronées et fausses. Les attaques extrêmes, souvent totalitaires, des novateurs modernes, doivent elles aussi être rapportées à ce désir et à cette peur.

Aujourd'hui, si la mémoire historique demeure attachée à un auteur, c'est bien moins du fait d'une victoire totale de ses idées que grâce au système universel des archives, sous la forme de bibliothèques et de musées où sont conservées et diffusées les informations le concernant. Dans une telle situation, voir ses idées reconnues comme vraies par la société ne constitue plus pour un auteur une victoire, mais bien un danger existentiel. Car cela signifie qu'en étant diffusées massivement à travers d'autres, ces idées perdent leur valeur, et que leur auteur perd la place qui lui revient en propre dans le système de la mémoire historique. D'autre part, le fait que certaines idées soient jugées non vraies ne mène nullement à leur effacement de la mémoire culturelle : il suffit qu'elles soient reconnues comme originales. Aujourd'hui, le succès ou l'échec de théories et de méthodes données est exclusivement déterminé d'après le type de relation qu'elles entretiennent avec d'autres théories et méthodes au sein de l'économie culturelle, et non d'après leur rapport à une réalité utopique et extra-culturelle.

Ce n'est pas un hasard si pratiquement tous les auteurs contemporains modifient leurs méthodes et leurs idées propres dès qu'elles ont trouvé une large diffusion, et s'ils insistent sans cesse sur le caractère non reproductible et non répétable de leur propre pratique artistique ou théorique[19]. Ce refus de s'orienter vers l'universalité et la reproductibilité est plus essentiellement profond que la crise extérieure de l'utopisme moderne. Ce n'est pas seulement et simplement dû au fait que les utopies se sont révélées être ou bien complètement irréalisables, ou bien réalisables sous la forme seule d'une dystopie. C'est bien plutôt que personne n'entend plus confier son originalité au futur et laisser d'autres pénétrer sur le territoire culturel qu'il a arraché au passé. Même si la philosophie et l'art de notre époque donnent parfois l'impression de chercher encore la vérité universelle, laquelle serait ouverte, recevable et même obligatoire pour tous au même titre, ce qui y prévaut est la tentative de faire apparaître comme non répétable l'originalité de leur propre discours théorique ou de leur propre pratique artistique dans le futur lointain. Cette quête d'une originalité (Originalität) intra-culturelle se distingue de la quête d'une originarité (Originarität) que l'on concevait comme proximité par rapport à l'origine (Ursprung) et comme accord avec une réalité extra-culturelle susceptible, disait-on, d'être dans le même temps aussi bien impersonnelle et valable pour tous qu'individuelle et singulière.

À l'époque récente, diverses méthodes d'analyse intertextuelle ont permis d'exercer une critique globale de la compréhension moderne de l'originalité[20]. On peut en effet montrer sans difficulté que tout auteur travaille constamment à partir de citations de la culture déjà existante et qu'il ne peut dès lors en rien prétendre à l'originalité. Et pourtant, c'est justement le travail à partir de textes et de tableaux déjà existants qui permet de mettre explicitement en évidence l'originalité intra-culturelle d'un travail personnel. Lorsqu'ils nient l'originaire, l'art et la théorie de notre époque ne refusent pas seulement dans leur pratique l'originalité ; ils exigent aussi une originalité accrue. D'où la conséquence que cette exigence peut être établie plus clairement et être mieux examinée.

La protection à l'égard du futur, par l'insistance énergique sur l'originalité personnelle, a notamment conduit à ce qu'aujourd'hui, si l'on ne parle pas du nouveau, tout le monde parle beaucoup de l'Autre. Faire remarquer que son propre discours est différent de tous les autres discours repose sur l'espoir que l'altérité, l'individualité et la spécificité de ce discours puissent être conservées dans le futur et qu'elles ne se dissolvent pas dans l'indétermination de l'opinion générale nouvellement formée. Répétons-le : ce qui est ici en question est bien moins un accroissement de la morale des auteurs contemporains, qui ne veulent plus succomber à la tentation du totalitarisme, que le fait qu'à notre époque il est simplement devenu désavantageux, d'un point de vue stratégique, de perdre les droits exclusifs dont on dispose sur ses propres idées. En effet, celles-ci n'ont plus la garantie d'être conservées durablement dans la mémoire historique en devenant objet de la croyance d'une multitude d'hommes, comme c'était le cas à l'époque des institutions religieuses et même encore des Lumières. Ce qui veille à la conservation des idées, c'est bien plutôt un système idéologiquement neutre, purement technique, au sein duquel un quota donné d'informations culturelles est conservé, diffusé et transmis au futur. C'est avant tout ce qui a prouvé sa spécificité, son originalité et son individualité qui a une chance d'être admis à figurer dans ce quota.

Le nouveau en tant qu'Autre doté de valeur

Le passage du discours moderne sur l'authenticité au discours post-moderne sur l'altérité se justifie donc sur un certain plan. Cependant, un moment important y est toujours négligé. Le concept de l'Autre est en effet un concept indifférent du point de vue axiologique (wertindifferent). Si autrefois, on légitimait l'égalité des hommes, des formes culturelles, des pensées ou des langues en s'appuyant sur le postulat d'une identité supposée sous-jacente, la théorie post-moderne proclame l'égalité sans identité, c'est-à-dire l'égalité dans l'altérité. Mais la pratique culturelle effective contredit cette représentation de l'égalité axiologique (Gleichwertigkeit) du différent comme utopie d'un nouveau genre.

Même aujourd'hui, certaines différences sont perçues comme ayant valeur et pertinence culturelle — elles définissent la nouveauté et l'originalité socialement reconnues d'un produit culturel par comparaison avec tous les autres —, tandis que d'autres différences apparaissent sans pertinence ni valeur. À cela, on peut naturellement objecter que la pertinence ou la non-pertinence du différent pour la culture est une question d'interprétation, de sorte que des différences qui, par exemple, paraissaient auparavant non pertinentes acquièrent soudain une nouvelle valeur à la lumière de nouvelles interprétations. Mais même une interprétation est une réalisation culturelle, archivée sous la forme d'un texte. Qu'une interprétation apparaisse comme nouvelle et dotée de valeur, a également des conséquences déterminées pour ce qui est interprété — et non l'inverse. L'interprétation ne découvre rien de nouveau dont on n'aurait rien su auparavant ; elle modifie seulement la valeur de ce sur quoi elle porte.

On peut en donner comme exemple l'esthétisation des reproductions d'œuvres d'art anciennes dans l'art actuel. Les différences entre la reproduction et l'original, qui apparaissaient auparavant comme dénuées de valeur sur le plan purement esthétique, acquièrent soudain une nouvelle signification. Alors qu'auparavant, on amassait avant tout des originaux dans les archives et qu'on considérait leurs copies et leurs reproductions comme dénuées de valeur, aujourd'hui on enregistre toutes les transformations qui font du processus de reproduction un processus de production, de sorte que la prétendue copie est vue sous une nouvelle lumière, comme un tableau original[21]. En outre, on enregistre la reproductivité qui est contenue au cœur de toute réalisation culturelle originale et qui joue un rôle déterminant. À partir de ces vues sont développées des théories compliquées sur la secondarité, antérieure à l'originalité, et sur la reproductivité, antérieure à la productivité[22]. Et c'est seulement parce que ces théories passent pour nouvelles et dotées de valeur que sont également reconnues des différences correspondantes et que sont rassemblées, selon ce nouveau point de vue, des copies et des reproductions correspondantes. Donner une nouvelle interprétation revient donc à créer une œuvre nouvelle. Et cela signifie en même temps que seules passent pour être dotées de valeur les différences qui ont été rendues telles. Mais si elles ont été rendues telles, alors elles ont une valeur qui les distingue de la simple altérité.

On peut donc dire que l'égalité dans la différence est au fond tout aussi utopique et idéologique que l'égalité dans l'identité, qu'on affirmait autrefois. Le nouveau n'est pas seulement l'Autre, il est l'Autre doté de valeur — celui dont on a jugé qu'il avait suffisamment de valeur pour être conservé, examiné, commenté et critiqué, pour ne pas redisparaître à l'instant suivant. Les différences qui résultent du flux du temps, du déplacement incessant, temporel, du sens, ne signifient pas encore le nouveau. Ces différences sont involontaires : elles ne font que témoigner de l'incapacité de la mémoire humaine à surmonter le temps, à rendre présent le passé. L'Autre est ici le temps et son pouvoir. Mais le nouveau, quant à lui, résulte d'une comparaison culturelle établie dans le cadre de la mémoire technique et sociale ; il est voulu et représente au fond une réaction à la stabilité de cette mémoire. Par conséquent, l'appel à la différence et à l'Autre extra-culturel, qui sont censés garantir le nouveau intra-culturel, est tout aussi erroné que l'était autrefois l'appel à l'ontologiquement identique, qui était censé assurer l'unité sociale. L'utopie de l'Autre et de l'original est absorbée par la masse du trivial, de l'usé et du stéréotypé, de la même manière que l'utopie de l'identique et de l'homogène se dissout dans la masse des différences concrètes. Le nouveau n'est pas un produit résiduel des circonstances historiques, de l'émergence de nouvelles générations, des différences « naturelles » de langue, de désir ou de situation sociale : de telles différences, qui existent effectivement, peuvent parfaitement être considérées comme triviales et ne pas mériter le nom de nouveau. Pour acquérir un statut axiologiquement élevé, ces spécificités individuelles et triviales doivent préalablement être réinterprétées et intégrées à la mémoire culturelle.

Le nouveau se distingue donc du simplement différent en ce qu'il est situé par rapport à l'ancien, qui est quant à lui doté de valeur et conservé dans la mémoire sociale. Ce qui est en cause ici est une opération culturelle d'un type bien spécifique, qu'il est impossible de réduire à quelque différence extérieure, naturelle et contingente que ce soit. Ce n'est qu'en vertu de cette opération que le nouveau obtient la chance d'être admis à figurer dans la mémoire historique socialement garantie. Le nouveau est un phénomène relevant de l'économie de la culture ; c'est pourquoi il ne peut reposer seulement sur la mémoire et sur le discernement individuel. Le nouveau n'est donc nouveau que lorsqu'il est nouveau non pas simplement pour une conscience individuelle donnée, mais relativement aux archives culturelles. À cette mémoire historique ont accès non pas seulement l'auteur, mais également, dans la même mesure, son critique. C'est pourquoi on peut juger le nouveau d'un point de vue individuel et en même temps en discuter publiquement.

Le nouveau et la mode

La plupart du temps, c'est sous la forme de la mode que le nouveau apparaît dans l'histoire. On considère d'ordinaire que la mode doit être condamnée encore plus radicalement que la simple quête du nouveau. Une forme répandue de cette condamnation est la remarque dédaigneuse que l'on a souvent l'occasion d'entendre : « Oh, ce n'est qu'une mode ! » On veut dire par là que le phénomène historique concerné n'a aucune stabilité historique, qu'il est de nature éphémère, et qu'il sera bientôt remplacé par une nouvelle mode. De fait, la mode est condamnable si l'on croit que le seul devoir de la pensée est de préserver de tout changement la vérité révélée dans le passé. La mode est également condamnable si l'on croit que le but de la pensée est de découvrir une nouvelle vérité universelle, susceptible de déterminer le futur dans son intégralité.

En effet, la mode est radicalement anti-utopique et anti-totalitaire, puisque son changement incessant témoigne de ce que le futur n'est pas prévisible, qu'il ne peut échapper au changement historique, et qu'il n'existe pas de vérité universelle susceptible de le déterminer dans son intégralité. Voilà pourquoi la mode fut condamnée autrefois, y compris dans la modernité. Même l'idéologie post-moderne de notre temps, qui proclame une époque nouvelle d'altérité plurielle, continue à condamner la mode. Si toutes choses ne se distinguent les unes des autres que partiellement, tout en demeurant cependant égales, la mode viole cette égalité apparente, en faisant ressortir comme plus essentielle et comme ayant plus de valeur une différence quelconque entre toutes les différences partielles[23].

Mais en dépit de toutes les condamnations dont elle a fait l'objet, la mode a de tout temps marqué de son empreinte la vie intellectuelle et artistique. Mieux encore : le système de la mémoire historique, vers lequel s'oriente en fin de compte toute production théorique ou artistique, suit la mode. En effet, de chaque époque il conserve d'abord ce qui était alors à la mode, ou bien ce qui de cette époque devint plus tard à la mode, lorsqu'apparurent de nouvelles modes intellectuelles et artistiques. Ainsi, contrairement à une opinion répandue, c'est justement ce qui est aujourd'hui à la mode qui a les plus grandes chances d'être préservé dans le futur — non pas en tant que vérité éternelle, mais en tant que chose caractéristique d'une certaine époque et conservée dans la durée. Le nouveau fonctionne dans l'histoire d'abord sous la forme de la mode, puisque la mode n'est qu'un autre nom de l'historicité (Geschichtlichkeit) radicale — non pas de l'historicité qui se trouve thématisée à l'intérieur d'un discours théorique déterminé, mais de l'historicité de tous les discours qui entendent parler de la dimension historique. Toute théorie de l'histoire encourt toujours la menace de perdre jusqu'au caractère de la nouveauté et d'être oubliée par l'histoire. Quel serait le sens d'une théorie de l'historicité si aucune bibliothèque ne voulait conserver le livre dans lequel elle est exposée ? Et quel serait le sens d'une théorie du désir que personne ne désirerait lire ni étudier, parce qu'elle n'est plus à la mode ?

Jadis, Wyndham Lewis a fait observer à juste titre que dans la modernité, la contrainte exercée par la mode s'est substituée à la contrainte qui était autrefois exercée par la tradition. De nouvelles modes culturelles ne signifient pas une victoire de la liberté individuelle ; elles créent de nouvelles homogénéités, de nouveaux codes sociaux — bien que plus restreints et limités dans le temps —, des modèles de comportement déterminés, avec un nouveau conformisme de groupe[24]. Cette description est, à l'évidence, exacte ; mais elle signifie seulement que la mode crée une distance axiologique (Wertdistanz), qui fait distinguer nettement entre « nos » valeurs et « d'autres » valeurs. Par là même, des différences isolées se voient définies, au détriment d'autres, comme dotées d'une valeur toute particulière et comme particulièrement décisives. De cette manière, la mode rend possible une attitude sociale élitiste, une hiérarchie de valeurs et un système de critères dont la validité est reconnue à l'intérieur d'un groupe déterminé. À terme, cet ordre axiologique (Wertordnung) permet aussi bien le maintien et la continuité des anciennes hiérarchies axiologiques sous de nouvelles formes que la critique de la culture, qui use aujourd'hui des mêmes arguments contre la mode élitiste qu'autrefois contre la tradition établie.

Le nouveau et la mode peuvent donc être compris comme s'opposant aussi bien à l'utopie moderne de l'identité qu'à l'utopie post-moderne de l'altérité. Le nouveau a plus de valeur que le simplement différent ; il prétend à une signification sociale et entend être la vérité de son époque. Il prétend à être conservé dans le futur grâce aux mécanismes de la mémoire culturelle. Mais en même temps, il ne prétend pas à une signification, à une véracité et à une universalité absolues ; bien plus, il ne veut pas du tout de cette universalité, puisqu'il se soucie de son originalité historique. L'orientation vers le nouveau, sous le signe duquel la civilisation actuelle vit en pratique, exclut l'un, l'identique et l'universel ; mais elle n'implique pas non plus l'arbitraire, le n'importe quoi et l'absence d'orientation. Le nouveau apparaît rarement. Introduire quelque chose dans la mémoire historique est une tâche difficile, et rien ne garantit qu'on en viendra à bout. Le nouveau ne naît jamais passivement ni automatiquement, que ce soit de l'oubli d'une culture révolue et de l'adhésion intérieure à une réalité occulte, à ce qui « est toujours déjà », ou que ce soit, au contraire, de l'amoralité, de la cupidité et d'une ambition accrue. Le nouveau est bien plutôt le résultat de certaines stratégies culturo-économiques de transvaluation des valeurs, qui présupposent la connaissance des mécanismes culturels réels et de leurs principes de fonctionnement. Le nouveau présuppose en effet qu'il est possible de déterminer à quelle différence vis-à-vis de la tradition, de l'ancien, de ce qui existe, chaque époque concrète attribue de la valeur — valeur qui donne à cette différence la chance d'entrer dans le système de la mémoire culturelle.

Mais surtout, le nouveau donne à l'auteur individuel la possibilité d'affirmer sa propre vie comme une valeur dans le temps historique et de se libérer du pouvoir du passé, des utopies universalistes tournées vers le futur, ainsi que du présent indifférent et de sa multitude de différences qui ne veulent au fond rien dire pour personne. L'homme d'aujourd'hui est à beaucoup d'égards une victime de la théorie de la différence originelle. Il est empoisonné par la suggestion selon laquelle il serait d'emblée, en lui-même et indépendamment de quelque tentative que ce soit, unique en son genre, différent de tous les autres hommes par un certain aspect extra-culturel et authentique, de sa vie. C'est pourquoi il ressent sans cesse une certaine frustration, car il ne peut éviter de constater combien est réelle et insurmontable sa propre banalité culturelle. En réalité, la banalité est l'état normal de l'existence humaine, alors que l'originalité culturelle est le produit de tentatives très spécifiques, dont le sens et le but ne sont pas d'emblée évidents à ceux qui ne travaillent pas professionnellement dans le domaine culturel.

Le nouveau n'est pas un effet
de la différence originelle

La conviction que beaucoup ont de leur prétendue indivi-dualité est également renforcée par les théories structura-listes et post-structuralistes. Même si celles-ci ne croient pas à la « subjectivité », elles postulent un système fini ou infini de différences et en font l'inconscient ou l'impensé de toute stratégie consciente ; c'est seulement par là qu'une stratégie de ce genre pourrait acquérir son individualité[25]. Mais ces théories ne sont que des théories, et elles ne peuvent réelle-ment démontrer que les systèmes et les structures qu'elles décrivent ne sont pas nés de cette description même, mais sont antérieurs à toute description et à toute investigation et seuls les rendent possibles. On ne peut que présumer ou pos-tuler que le non-décrit ou l'impensé est d'emblée structuré.

Au-delà de l'identité et de la différence se trouve le domaine de l'indifférencié, de l'indifférent, de l'arbitraire, du banal, de l'insignifiant, de l'inintéressant, du non-remar-quable, du non-identique et du non-différent[26]. La comparai-son, c'est-à-dire l'identification ou la différenciation, a lieu de manière explicite dans les archives culturelles ou n'a pas lieu du tout[27]. L'histoire de la culture est l'histoire de ce genre d'identifications et de différenciations. C'est pourquoi dans la culture, le nouveau est antérieur au différent et n'en est pas une manifestation. C'est pourquoi également l'histoire cultu-relle ne peut être dissoute dans le jeu des différences. Ce jeu est lui-même le produit d'une innovation historique détermi-née, d'un nouveau discours sur l'identique et le différent. Il est impossible de croire que tout est en soi d'emblée compa-rable ou comparé. Ce qui n'a pas été décrit ou différencié de manière explicite doit être considéré comme indifférencié : un processus de différenciation interne, occulte, inconscient, primaire, antérieur à toute action consciente, est une fiction. Avant Duchamp, aucun artiste n'avait eu l'idée de comparer la *Mona Lisa* à sa reproduction dégradée ; avant Derrida, personne n'avait comparé la pensée à la masturbation avec quelque pertinence théorique[28]. Tout événement dans l'ordre du nouveau est au fond la réalisation d'une nouvelle comparaison entre des choses qui n'avaient jusque-là jamais été comparées, parce que personne n'avait pensé à cette comparaison. La mémoire culturelle est le souvenir de ces comparaisons ; dès lors, le nouveau ne trouve accès à la mémoire culturelle que s'il est lui-même une nouvelle comparaison de ce genre.

Cependant, le domaine du banal, de l'arbitraire et de l'indifférent subsiste toujours, en dépit de toutes les innovations — car aucune innovation n'est en mesure d'opérer une différenciation et une classification exhaustives. C'est pourquoi le changement historique des modes ne conduit pas au quasi-infini d'un progrès sans but, mais laisse bien plutôt tout en place. Ainsi, celui qui souhaite travailler et produire dans le domaine culturel se retrouve en gros dans la même situation que tous les créateurs culturels qui l'ont précédé et qui lui succéderont. La connaissance de cette situation initiale est précisément ce que la tradition transmet en premier lieu. Le nouveau est produit et reconnu en tant que tel, c'est-à-dire en tant que différent et simultanément doté de valeur culturelle, sur la base de critères traditionnels, intra-culturels, et relevant de l'économie culturelle. C'est l'accord avec ces critères de transvaluation des valeurs, et non pas avec l'extra-culturel, l'occulte et l'Autre, qui garantit le statut social du nouveau — et notamment le statut d'une nouvelle vérité.

Le nouveau n'est pas un produit
de la liberté humaine

Le refus de s'orienter vers la vérité ne peut être compris ici de manière « nihiliste », c'est-à-dire comme l'affirmation du pur arbitraire lorsqu'il s'agit de privilégier culturellement certains discours ou certaines pratiques artistiques. Pareil octroi de privilèges n'est pas l'expression de la liberté humaine ou même surhumaine, qui peut déterminer une valeur grâce à une infondable décision de la volonté et l'attribuer aux attitudes culturelles existantes[29]. Toute innovation résulte d'une nouvelle interprétation, d'une nouvelle contextualisation ou décontextualisation d'une attitude ou d'une action culturelle. La croyance en une décision inexprimable, engendrée dans les tréfonds de la liberté humaine, présuppose là encore l'hypothèse d'une réalité occulte — même si cette dernière est cette fois conçue comme le Rien absolument libre[30].

Avec suffisamment d'expérience en matière culturelle, un individu — qu'il produise ou qu'il consomme du nouveau — est en mesure de juger le nouveau comme réellement nouveau, intéressant, original, significatif et doté de valeur, avant même que ce dernier ait réellement remporté un succès social, obtenu du pouvoir et acquis une reconnaissance sociale. Cependant, l'existence de cette aptitude de l'individu à reconnaître le nouveau implique que le nouveau comporte quelque chose qui, dans une culture déterminée, le conduit nécessairement au succès, quelles que soient les structures de pouvoir qui existent derrière lui ou qui s'opposent à lui. Nous devons à présent entreprendre de reconstruire la logique de l'économie culturelle, ainsi que les critères selon lesquels une

53

activité culturelle donnée est reconnue comme nouvelle, originale et couronnée de succès sans qu'il soit jamais fait appel à la révélation d'une vérité occulte ou au pouvoir. En d'autres termes, il s'agit de comprendre pourquoi certaines nouvelles comparaisons, identifications et différences sont reconnues par la société et intégrées à la mémoire historique et pourquoi elles-mêmes constituent les critères selon lesquels sont définis la vérité et le pouvoir, le différent et l'identique.

Dans le contexte de l'utopisme moderne, l'artiste et le penseur se sentent supérieurs à la société, parce qu'ils croient que leur liberté créatrice intérieure leur donne un rapport privilégié à la vérité, dont ne bénéficient pas les membres normaux de la société. En guise de réaction à cette prétention moderne à l'exclusivité, il est devenu courant, à notre époque, d'attribuer une place plus élevée à l'interprétation et à la réception de la philosophie et de l'art, à leur utilisation et à leur consommation dans la société qu'à la production philosophique et artistique elle-même. Si dans la philosophie et l'art, comme de manière générale dans le monde, il ne peut être question que de différences et de particularités individuelles, la signification et la valeur de ces différences et de ces particularités ne peuvent et ne doivent être déterminées que par la société, et non par ceux qui en sont porteurs. Ici, la liberté du récepteur, en tant que liberté d'interprétation et d'utilisation, est supérieure à la liberté créatrice. Mais de fait, tout artiste et tout penseur professionnel s'efforcent de prévoir la réaction du public à ce qu'il fait. Par là même, il contrôle en partie la réception de sa pratique culturelle — même si ce contrôle ne représente pas la dictature sur le goût et sur la forme de vie de la société à laquelle aspiraient de nombreux artistes et théoriciens de la modernité.

Dans ce qui suit, nous devrons examiner de plus près la logique de l'économie culturelle, à laquelle est nécessairement soumise toute production du nouveau en tant que transvaluation des valeurs. L'art et la théorie feront ici office de matériau à partir duquel le problème du nouveau doit être abordé. C'est en effet dans ces deux domaines qu'ont lieu de la manière la plus explicite les procédures d'identification et de différenciation. Selon une opinion courante, l'innovation dans les sciences de la nature ou dans la technique est dictée par une nécessité objective, économique ou scientifique. En général, on est loin de penser que la production du nouveau pour le nouveau y est exercée. Néanmoins, on pourrait montrer sans trop de difficultés — et cela a déjà été fait à plusieurs reprises — que même dans les sciences de la nature et dans la technique, la conformité du nouveau à une fin est illusoire, et que la technique engendre elle-même les nouveaux besoins qu'elle satisfait ensuite d'une nouvelle manière[31].

DEUXIÈME PARTIE

STRATÉGIES NOVATRICES

La limite axiologique entre
archive culturelle et espace profane

De toute culture on peut dire qu'elle est construite de manière hiérarchique, de sorte qu'en elle tout a une valeur, qui est déterminée par la position au sein de la hiérarchie axiologique culturelle. C'est d'abord ce qui peut être caractérisé comme mémoire culturelle organisée ou structurée qui constitue une telle hiérarchie. Dans la culture de notre époque, il s'agit des bibliothèques, des musées et d'autres archives. Cette mémoire culturelle matérialisée est placée sous la protection de diverses institutions qui sont elles aussi organisées de manière hiérarchique et qui veillent à ce que cette mémoire reste indemne, à ce que soient sélectionnés des modèles culturels nouveaux et pertinents, mais également à ce que soient écartés des modèles culturels considérés comme désuets ou moins pertinents. Bien entendu, toute tradition culturelle a son propre système de remémoration et de conservation, ainsi que son propre principe de sélection. De plus, toute culture, en elle-même, est loin d'être homogène, étant constituée de différentes subcultures qui ont leurs systèmes de conservation, leurs priorités et leurs principes de sélection propres. Ainsi toute hiérarchie culturelle est-elle relative. En même temps, notre époque permet précisément de constater une universalisation et une formalisation croissantes, à l'échelle mondiale, des archives culturelles. De plus en plus, un système unique, fait de musées, de bibliothèques et d'autres institutions ayant pour but de conserver l'information culturelle, se détache des cultures nationales concrètes, pour constituer le fonds commun de ce qui passe pour être culturellement doté de valeur et digne d'être conservé.

Ce n'est que dans le contexte de ces archives organisées selon une hiérarchie axiologique que l'on peut parler du nouveau de manière réellement sensée. Le nouveau est conçu ou interprété comme différent, mais simultanément comme ayant tout autant de valeur que ce qui est déjà entré dans la mémoire culturelle techniquement organisée. Le principe fondamental de l'organisation des archives culturelles consiste seulement en ce que celles-ci admettent nécessairement le nouveau et ignorent les imitations. La mémoire culturelle organisée rejette comme superflu et tautologique ce qui se contente de reproduire quelque chose qui existe déjà.

Au domaine constitué de toutes les choses qui ne sont pas répertoriées par les archives, on peut donner le nom d'espace profane. L'espace profane est au plus haut point hétérogène, puisqu'il se compose des choses les plus diverses et des rapports les plus divers qu'on a coutume d'entretenir avec elles. Les choses de l'espace profane ne font l'objet d'aucune conservation particulière ; si le hasard fait qu'elles ne sont pas gardées, elles disparaissent au cours du temps. En tout cas, les institutions qui veillent à la conservation et à la préservation des valeurs culturelles ne reconnaissent pas ces choses comme importantes, représentatives, dotées de valeur et dignes d'être conservées. L'espace profane est constitué de tout ce qui est dénué de valeur, insignifiant, inintéressant, extra-culturel, non pertinent et — éphémère. Et pourtant, c'est justement cet espace profane qui fait office de réservoir des valeurs culturelles potentiellement nouvelles, puisqu'il est l'Autre relativement aux archives valorisées de la culture. L'origine du nouveau est donc la comparaison valorisante entre les valeurs culturelles et les choses de l'espace profane. Normalement, on ne fait jamais cette comparaison ; au fond, c'est précisément son omission qui constitue l'espace profane. Par conséquent, les mécanismes du nouveau sont ceux qui règlent le rapport entre la mémoire culturelle valorisée, organisée de manière hiérarchique, et l'espace profane dénué de valeur.

Ainsi, les concepts d'« archives culturelles » et d'« espace profane » sont liés et complémentaires l'un de l'autre. On peut parfaitement imaginer une hiérarchie axiologique (culturelle ou autre) alternative, qui distribuerait les valeurs culturelles d'une manière complètement différente. Ainsi par exemple, la découverte de l'Amérique constitua pour les Européens l'exploitation et la mise en valeur d'un nouvel espace profane. Pour les cultures américaines de cette époque, cet événement signifia l'irruption du profane dans leurs archives culturelles, c'est-à-dire leur profanation et dans une certaine mesure leur destruction. Souvent, l'innovation est donc également une transaction (Handel) entre deux ou plusieurs hiérarchies axiologiques qui constituent l'une pour l'autre des espaces profanes. Pour comprendre la nature de cette transaction, il convient tout d'abord de discuter du cas plus simple d'une innovation intervenant à l'intérieur d'une hiérarchie culturelle déterminée.

Toute hiérarchie culturelle, s'étant factuellement constituée, est naturellement sujette à la critique. On pourrait toujours dire qu'elle est totalement infondée et que la distinction entre les valeurs culturelles qui doivent être conservées et les choses profanes est purement arbitraire, qu'elle ne se fonde sur aucune légitimité théorique d'aucune sorte. Mais une critique de ce genre se révélerait peu efficace en restant à ce point générale et indéterminée ; car si elle est toujours exacte, c'est dans un sens complètement trivial. De fait, aucune hiérarchie culturelle ne peut se légitimer elle-même du point de vue théorique, si par une légitimation de ce genre on entend, comme c'est généralement le cas, la référence à la réalité fondamentale, à la chose même ou au sens, — car pareille référence conduit précisément à l'Autre de la tradition culturelle. À vrai dire, la critique générale des hiérarchies culturelles existantes n'est pas non plus en mesure de légitimer sa propre prétention à la valeur culturelle en usant de cette référence.

Pour formuler cette critique de manière concrète, il faudrait tout d'abord procéder à une comparaison réelle des choses concrètes, profanes, et des valeurs culturelles concrètes. Il faudrait par exemple, comme le fit jadis Marcel Duchamp, prendre la *Mona Lisa* de Léonard de Vinci, et la placer face à sa reproduction dégradée, qui s'apparente à un déchet (ein Stück Müll). Voici ce qu'alors on montrerait : nous avons ici simplement deux formes visuelles distinctes ; c'est pourquoi nous ne disposons pas de critères fondamentaux ni essentiels, nous permettant de distinguer ces formes d'après leurs valeurs respectives ; d'ailleurs, nous ne pouvons disposer de tels critères, si bien que nous sommes obligés de dire que ce déchet est aussi beau que la *Mona Lisa*[1]. Dès lors, toute distinction axiologique, créatrice de hiérarchies, entre deux tableaux ne pourra être pour nous qu'une fiction idéologique, ayant pour rôle de justifier la prééminence de certaines institutions du pouvoir culturel.

La nouveauté de ces réflexions consiste à mettre sur le même plan axiologique deux choses auxquelles on attribue d'ordinaire des valeurs distinctes et qui passent alors pour n'être pas du tout comparables. Naturellement, à la suite de cette confrontation, qui place d'emblée les tableaux sur le même plan, il se révèlera nécessairement que ceux-ci sont tout simplement différents et qu'il n'existe aucun procédé permettant de fonder une supériorité hiérarchique et axiologique d'un tableau par rapport à l'autre. En fin de compte, la tentative entreprise ici ne parviendra même pas à démontrer que la reproduction dégradée a, par inversion, plus de valeur que la *Mona Lisa*, pour la raison qu'elle représenterait davantage et plus authentiquement la « vie réelle » que cette dernière.

Pour autant, le résultat de cette comparaison ne sera pas la suppression de la hiérarchie axiologique comme telle, mais simplement le fait que la reproduction sous forme de déchet (die müllartige Reproduktion) accède au système de la conservation culturelle en tant que nouvel objet. Cette comparaison a pour effet de la valoriser ; d'objet profane qu'elle était, elle se transforme en valeur culturelle, puisque par son caractère de reproduction mécanique de même que par la légende obscène et par d'autres dégradations, elle se donne à reconnaître comme l'Autre et simultanément, grâce à l'interprétation de la critique de la culture, comme l'égale des valeurs culturelles existantes. Cependant, cet événement n'a aucune sorte d'influence sur la distinction fondamentale entre la mémoire culturelle valorisée et l'espace profane. En d'autres termes, le fait que cette comparaison réussisse à dépasser la limite axiologique ne supprime pas cette limite elle-même : le sort de toutes les autres reproductions dégradées et d'une multitude d'autres choses profanes ne s'en trouvera en rien changé. La relativisation de la limite axiologique en un endroit bien déterminé et l'égalisation des valeurs culturelles et des choses profanes sous un rapport bien déterminé ne peuvent supprimer la hiérarchie culturelle comme telle. Elles ne font que la modifier partiellement.

La possibilité d'un dépassement des limites axiologiques hiérarchiques grâce à une comparaison des valeurs culturelles et des choses profanes a souvent conduit à la conclusion « nihiliste » que ces limites n'en seraient pas à proprement parler[2]. Cependant, on doit distinguer entre la possibilité d'une telle comparaison et sa mise en œuvre réelle. On peut certes imaginer théoriquement une comparaison de tous les objets culturels dotés de valeur avec toutes les choses profanes ; mais dans la pratique culturelle effective, évoluant dans le temps et finie, ce genre de comparaison est irréalisable. On peut comparer la *Mona Lisa* avec un déchet et intégrer celui-ci tel quel à la culture. Mais cette opération n'aurait pour effet de supprimer définitivement la limite entre la culture valorisée et l'espace profane que si l'on pouvait démontrer que cette comparaison permet d'accéder au profane le plus extrême, ou à l'« essence » même du profane, de même qu'à la valeur culturelle la plus haute, ou à l'« essence » même de la culture. Mais cela ne peut être démontré, car aucune référence à l'essence occulte et universelle ne peut ici remplir une fonction justificatrice.

Il est impossible d'affirmer qu'il n'y a rien et qu'il ne peut rien y avoir de plus profane qu'une reproduction dégradée et défigurée. Il n'est pas du tout exclu qu'avec le temps on finisse par découvrir un objet d'un caractère encore plus radicalement profane. De fait, on découvre dans l'histoire de l'art la plus récente des exemples d'un profane encore plus profane[3]. En même temps, on ne peut pas dire non plus que la dévalorisation de la *Mona Lisa* soit la dévalorisation de la culture dans toutes ses possiblités ou de l'« essence » même de la culture : aucune égalisation partielle, aucun dépassement partiel des limites entre la culture valorisée et l'espace profane ne signifie l'avènement d'une égalité universelle. Les structures hiérarchiques et les bornes axiologiques demeurent toujours en place ; c'est pourquoi l'innovation demeure elle aussi possible.

Autrefois, le dépassement total des limites axiologiques culturelles était généralement conçu comme la découverte de l'identité sous-jacente à toutes choses : l'être, la nature, la raison, l'esprit, le langage, l'inconscient, sont quelques-uns des noms de cette identité occulte, qui dépasse toutes les hiérarchies axiologiques. On a déjà montré que cet argument est trop général et trop creux pour être convaincant. Toute aussi insatisfaisante est l'autre stratégie, post-moderne, post-structuraliste, qui affirme que l'on peut sinon dépasser, du moins déconstruire toutes les oppositions construites de manière hiérarchique, en les dissolvant dans le jeu infini des différences.

Mais revenons à notre exemple du déchet, et imaginons qu'après le premier déchet nous en ayons pris un second, puis un troisième : peut-être se distingueraient-ils par la couleur, la forme et le matériau. En ce sens, aucun déchet ne peut être « le » déchet qui ferait apparaître l'« essence » même du déchet. D'autre part, il est tout à fait manifeste que les différences mentionnées ne seraient pas suffisamment pertinentes pour accorder à ces déchets la valeur du nouveau. Comparer des déchets serait en effet loin d'être nouveau — au contraire de la comparaison entre la *Mona Lisa* et une ordure. Ce genre de comparaison — de même qu'une comparaison entre des tableaux de la Renaissance — ne viole pas les limites axiologiques culturelles, et est par là même triviale. Par contre, la comparaison entre la *Mona Lisa* et sa reproduction défigurée est, en tant que réalisation novatrice, unique.

Comparer un autre tableau de la Renaissance avec sa reproduction défigurée serait à nouveau trivial — à moins que cette comparaison ne soit explicitement conçue et interprétée comme une appropriation ironique du geste de Duchamp[4]. Les mécanismes culturels opèrent donc une distinction suffisamment nette entre une différence pertinente et une différence non pertinente du point de vue culturel. Et cette distinction ne correspond pas ici à la distinction entre une différence « réelle » et une différence « apparente », mais à la distinction entre une différence axiologique et une simple différence se situant au même niveau axiologique, et qui ne serait susceptible d'acquérir une valeur que grâce à une interprétation supplémentaire. La critique post-moderne de la métaphysique ne change donc rien à la hiérarchie axiologique culturelle effective. Grâce à l'expérience de l'art, nous savons que tout nouveau geste culturel perd très rapidement sa nouveauté et qu'en dépit de toutes ses différences particulières, il devient bientôt monotone et trivial : un mouvement réellement infini de la différence serait ennuyeux et indifférent.

Nombre de théories actuelles de la différence invoquent le concept de texte lorsqu'elles affirment que tout est différencié et qu'il n'existe pas de différence axiologique entre le domaine culturel et l'espace profane. On donne ordinairement comme exemple non pas le tableau, mais le livre, qu'on compare à tous les signes profanes possibles tombant sous le concept d'écriture ; par là, toute forme hiérarchique traditionnelle est dépassée. Cependant, les théoriciens du post-structuralisme s'efforcent de dépasser les limites du livre particulier et de dissoudre ce dernier dans la textualité anonyme. Ce moment est thématisé notamment chez M. Foucault, R. Barthes et J. Derrida[5]. Le livre, en tant qu'unité placée sous la protection d'une bibliothèque, perd sa place exclusive, privilégiée, valorisée dans la culture, et son écriture s'inscrit dans le jeu des différences avec tous les autres signes. Ce dépassement des limites du livre individuel ignore cependant le fait que chaque livre existe en de multiples exemplaires avec un texte identique. Par là même, l'édition du livre devient quelque chose de

superflu et — relativement à son texte — de purement profane, qui demeure dès lors négligé dans les concepts de textualité ou d'écriture[6]. La prétendue infinité du jeu des différences ou de la textualité trouve ici ses limites avec la reproduction technique en masse du livre, que l'on dédaigne du
point de vue théorique. Ce n'est pas ici le lieu d'approfondir ce
problème ; mais en guise d'illustration des réflexions qui vont
suivre, on peut se contenter de rappeler brièvement la chose
suivante. Il n'existe aucune possibilité d'éliminer complètement le profane — que ce soit en valorisant le profane dans
son intégralité ou en dévalorisant les valeurs culturelles dans
leur intégralité. Quelque chose reste toujours tout à fait en
dehors de l'identité comme de la différence — dans le profane.
Or, cela signifie que dans leur ensemble, les distinctions axiologiques ne peuvent être ni dépassées, ni dissoutes. Car la
hiérarchie axiologique renvoie précisément à ce qui ne peut
être comparé, puisqu'une comparaison de ce genre est inhabi-
tuelle, inconvenante et totalement inimaginable — en même
temps qu'exigée par la logique de l'économie culturelle elle-
même.

Toute comparaison concrète du point de vue historique
entre ce qui est doté de valeur et ce qui est profane a toujours
été limitée quant au lieu et quant au temps. Et ce sont précisément ces comparaisons qui entrent dans les archives culturelles, en tant que dotées de valeur. Des valeurs culturelles ne
sont rien d'autre que des souvenirs archivés des événements
de transvaluation des valeurs. La mémoire culturelle, qui
sauvegarde le souvenir de pareilles comparaisons transva-
luatrices des valeurs (wertumwertend), témoigne de ce
qu'elles ne furent *de facto* pas très nombreuses, et de ce que,
parmi ce petit nombre, toutes n'eurent pas le même succès.
Certes, le dépassement de l'inégalité, de la hiérarchie et des
distinctions axiologiques ou encore, pour le dire autrement, la
construction d'une utopie, se révèle toujours possible. Mais il
ne peut s'agir là que de domaines limités quant au lieu et
quant au temps, qui sont la plupart du temps créés, pour leur
propre compte, par des hommes isolés et qui ne peuvent

s'étendre à la société dans son ensemble. Toute innovation n'a jamais affaire qu'à un fragment très restreint de la culture et qu'à un fragment très restreint de l'espace profane. Par conséquent, ses productions elles aussi ne peuvent jamais être qu'extrêmement restreintes et individuelles. Cependant, le fait que l'utopie totale ne puisse être réalisée signifie en même temps que l'anti-utopie totale — laquelle serait en mesure d'exclure complètement toute innovation limitée — ne peut elle non plus être réalisée. En réalité, le domaine personnel d'innovation, arraché aux hiérarchies existantes, suffit pleinement à l'artiste ou au théoricien et à son existence finie. Grâce à l'innovation, des artistes et des théoriciens dépassent en même temps la limite axiologique qui passe à l'intérieur du soi, entre l'homme de l'espace profane et le sujet d'une activité culturelle dotée de valeur. Par là même, ils instituent une homogénéité entre leur propre vie et l'historicité de la culture.

L'innovation en tant que transvaluation des valeurs

Manifestement, la comparaison qui dépasse les limites axiologiques peut aussi bien être conçue comme une dévalorisation des valeurs culturelles que comme une valorisation du profane. Du point de vue historique, il arrive souvent que l'innovation soit d'abord interprétée comme une dévalorisation des valeurs, avant de s'imposer en tant que nouvelle valeur culturelle. Ainsi, la profanation blasphématoire de la *Mona Lisa* par Duchamp fut en un premier temps interprétée comme la fin de l'art doté de valeur et comme l'irruption du non-art profane, dénué de valeur. Historiquement, la stratégie d'ensemble de transvaluation des valeurs, propre à l'économie culturelle, n'est donc pas immédiatement saisie dans tous ses aspects ; ses différentes facettes sont aperçues à différentes époques. Ici se pose la question de savoir pourquoi l'innovation finit par aboutir moins à une dévalorisation de la culture qu'à une valorisation de l'innovation.

La dévalorisation des valeurs culturelles existantes est un aspect nécessaire du geste novateur — au même titre que la valorisation du profane. Mais par ailleurs, toute innovation particulière obéit à la logique économique de la culture elle-même. En ce sens, toute innovation est une incarnation de cette logique, qui doit satisfaire aux critères culturels appropriés. Dans le cas où une innovation connaît du succès, c'est-à-dire dans le cas où elle met en œuvre cette logique de manière conséquente, elle est admise à figurer dans les archives culturelles. Or, cela signifie qu'une place dans ces archives ne s'acquiert pas par la seule vertu de l'innovation, mais par la capacité de cette dernière à continuer la logique de la culture. Lorsque l'innovation dévalorise certaines valeurs culturelles, elle ne leur porte pas atteinte : la *Mona Lisa* de Léonard de Vinci est tout autant objet d'admiration après Duchamp qu'elle l'était avant lui. De même, n'importe quelle reproduction défigurée d'un tableau classique par Duchamp n'est pas valorisée en tant que telle : des reproductions similaires demeurent dénuées de valeur. Ce qui est valorisé et conservé, c'est uniquement l'œuvre de Duchamp — cette reproduction de la *Mona Lisa* qu'il a défigurée lui-même, et qui passe pour être un souvenir de son geste novateur. Ce qui est archivé, c'est donc ce qui est valorisé par l'innovation, en tant que témoignage de cette valorisation — et c'est seulement en tant qu'il est ce témoignage que ce qui est valorisé de manière novatrice a non seulement une valeur personnelle pour l'artiste lui-même, mais également pour la mémoire culturelle dans son ensemble. La valorisation novatrice du profane n'est donc en aucun cas arbitraire ou indifférente.

La mémoire culturelle valorisée dans son ensemble est constituée de témoignages d'innovations individuelles qui ont un caractère exemplaire — et qui ne servent pas exclusivement de valeurs en vue de la dévalorisation novatrice ni d'objets de la critique. Certes, l'innovation consiste avant tout en un geste égalitaire, qui instaure une égalisation entre la culture valorisée et l'espace profane. Cependant, la culture attribue *a priori* une valeur à ce geste lui-même : elle l'exige, il est pour elle une valeur en soi. Ici, c'est seulement en apparence que la culture est dépassée, soumise à la critique et dévalorisée. En réalité, toute innovation exécute le programme de l'économie culturelle et veille à la croissance, à l'actualité, à la stabilité et à l'efficacité de la mémoire culturelle valorisée ainsi qu'à celle des institutions organisées de manière hiérarchique qui régissent cette mémoire et assurent son bon fonctionnement.

Dès lors, cela n'a aucun sens de reprendre et de vouloir résoudre la question souvent posée : pourquoi, somme toute, se livre-t-on à ces comparaisons valorisantes ou dévalorisantes — quel est le sens de l'innovation. La question du sens de l'innovation est celle du rapport que cette innovation entretient avec la réalité extra-culturelle, et relève par là même de l'économie de l'innovation. Ce n'est pas le sens de l'innovation qui est pertinent pour la culture, mais sa valeur.

Une réponse courante à la question du sens de l'innovation consiste évidemment à dire que l'espace profane exerce une pression constante sur la culture privilégiée, et ainsi la contraint à l'accueillir en elle. Si l'on tient, comme c'est généralement le cas, le profane pour la réalité, c'est-à-dire pour l'Autre réel et actif de la culture, cela signifie que la vie ou la réalité font sans cesse irruption dans la culture et la modifient. Alors, la culture se révèle être en réalité une projection du désir libidinal, des intérêts de classe ou de la volonté de puissance.

Mais il n'existe aucune relation directe entre la pression profane et l'attribution de valeurs en matière culturelle (kulturelle Wertgebung). Bien entendu, la culture peut être détruite de l'extérieur et sa mémoire être effacée[7]. Mais pour autant que le mécanisme culturel est toujours en vigueur, il fonctionne d'une manière relativement indépendante de toute pression extérieure directe. Un phénomène profane n'est donc valorisé qu'à partir du moment où il peut être intégré à la mémoire culturelle, selon les règles propres à cette dernière. Naturellement, cela n'implique pas que le mécanisme culturel fonctionne de lui-même et que les hommes se réduisent à être ses serviteurs. Il s'agit bien plutôt du fait que l'attribution de valeurs et l'archivage en matière culturelle n'ont lieu que lorsque sont réunies certaines conditions propres à la logique de l'économie culturelle et qui sont elles-mêmes extrêmement souples et hétérogènes. En tout cas, ces conditions sont indépendantes de tout motif subjectif, qui permettrait de les remplir — même si elles ne peuvent être décrites de l'extérieur sous la forme d'un catalogue, mais dépendent à chaque fois du tracé de la limite axiologique culturelle. On peut provoquer une innovation en s'efforçant noblement, par pure pitié, d'assurer un statut axiologique culturel au profane et à ce qui est méprisé. De la même manière, l'innovation peut naître du pur carriérisme et de la volonté de puissance, ou encore de la combinaison de motifs idéalistes et égoïstes. Pour la culture en tant que tout, il importe seulement dans chaque cas particulier que la limite axiologique séparant la mémoire culturelle de l'espace profane soit franchie avec succès et que par là même une innovation soit réalisée.

Innovation et créativité

L'innovation est donc une transvaluation des valeurs, un changement de position de choses particulières relativement aux limites axiologiques qui séparent les archives culturelles valorisées de l'espace profane. De ce point de vue, l'innovation semble différer du concept usuel de créativité, qui voit l'origine du nouveau dans une action créatrice de forces extra-culturelles. Les explications bien connues, qui ont servi à rendre compte dans le passé de la créativité humaine, entretenaient ordinairement un lien avec les théories expliquant comment au juste apparurent les choses, comment apparut le monde, et comment, au sein de ce dernier, apparut pour la première fois la culture. La créativité de l'homme était conçue comme supérieure à son insertion dans le processus universel de la formation du monde, que l'homme ne peut ni influencer ni contrôler. C'est pourquoi le concept de créativité présuppose toujours quelque chose d'énigmatique, de sublime, d'occulte, d'irréductible, d'hétérogène, censé agir dans les tréfonds de l'homme : ces références à un Autre occulte sont très insuffisantes pour expliquer la créativité culturelle.

Les théories classiques de la créativité reposent avant tout sur les doctrines théologiques du Dieu Créateur, et surtout sur la doctrine judéo-chrétienne de la création du monde à partir du néant ou du chaos originel. De fait, de nombreux artistes de l'avant-garde classique partent de ce dogme lorsqu'ils réfléchissent à leur propre créativité. Malevitch parle de sa propre création du monde suprématisme à partir du néant. Les constructivistes et les dadaïstes russes, allemands ou français parlent du néant comme de l'origine de leur création[8]. Même lorsque le néant n'est pas conçu comme l'origine de la création de choses complètement nouvelles, il passe souvent — dans un esprit existentialiste — pour être l'origine de la liberté de choix absolue, grâce à laquelle le monde acquiert à chaque fois un nouveau sens. Dans l'avant-garde européenne, ce sont précisément les programmes se réclamant le plus radicalement et, en un certain sens, le plus conséquemment de l'athéisme qui accordèrent le plus volontiers à l'artiste le privilège de la créativité divine à partir du néant.

Un autre modèle théologique courant de la création du monde renvoie à Platon et à la tradition néoplatonicienne au sein de la théologie chrétienne. Selon ce modèle, Dieu créa le monde en guise de réalisation extérieure, matérielle, des Idées éternelles et immuables qu'il pouvait seul contempler intérieurement. Dans l'avant-garde classique, ce modèle de la création artistique comme contemplation intérieure et dévoilement de celle-ci vers l'extérieur était très répandue, en particulier grâce à Kandinsky et à Mondrian, qui l'empruntèrent avant tout à la tradition théosophique, laquelle retourne directement au néoplatonisme et au gnosticisme[9].

Il arrive aussi que la création artistique soit conçue comme une manifestation spontanée, inconsciente, de la vie en soi. L'acte de création n'est ici précédé d'aucune contemplation intérieure ni d'aucun acte de la volonté : le nouveau apparaît comme le résultat ou l'effet d'un acte pur, irréfléchi, dont les motifs sont inconscients. On peut discerner l'origine de cet acte dans la nature ou dans le désir, dans la libido freudienne, dans les forces du langage ou bien dans la loi de la forme interne. En tout cas, on privilégie ici des états spécifiques tels que le rêve, l'extase, la souffrance ou la joie, que l'on considère comme l'origine même de l'art[10]. Mais l'indifférence universelle, totale, de ce qui a pour ainsi dire disparu dans le nirvâna, un voir ou un entendre purs, une perception pure, peuvent également constituer de semblables états privilégiés, dans lesquels est supprimé le contrôle de la conscience et dont peuvent sortir les forces inconscientes universelles qui créent le nouveau par l'intermédiaire de l'homme[11].

La critique de notre époque a remis en question, à juste titre, la possibilité pour l'homme de créer réellement de nouvelles choses à partir du néant ou bien à partir d'une origine qui lui serait immédiatement accessible. Ainsi, les différentes théories de l'intertextualité ont montré que le nouveau est toujours constitué d'ancien, de citations, de références à la tradition, de modifications et d'interprétations de ce qui existe déjà. Mais on en a souvent tiré la conclusion que dans la culture en général il n'y a rien de nouveau et qu'il n'existe pas de créateur. Puisque la culture s'occupe exclusivement des variations de ce qui est déjà, on n'a besoin pour l'expliquer de rien qui lui soit extérieur ni *a fortiori* de l'homme comme son créateur. D'où la fameuse « mort de l'Homme », maintes fois proclamée par le structuralisme et le post-structuralisme[12].

Cependant, cette réflexion ne prête pas suffisamment attention au fait que l'utilisation de choses déjà sauvegardées dans la mémoire culturelle et l'usage dans le contexte culturel de choses relevant de l'espace profane constituent des processus fondamentalement distincts. Si, comme le dit Derrida, aucun signe n'est en mesure de manifester l'« essence » et si tous les signes se contentent de faire référence les uns aux autres, tous ces signes ne constituent pas encore par cela seul un champ infini homogène — un jeu infini de différences, dans lequel le chemin menant d'un signe à l'autre pourrait toujours être trouvé. La scission entre le signe et le sens n'est pas la seule qui soit. Des signes différents ont également des valeurs différentes : ils sont séparés les uns des autres par des limites axiologiques, qui obstruent souvent le passage. Dans de nombreux cas, un passage de ce genre doit d'abord être ménagé, et c'est à cette fin que se trouve employé l'homme, qui connaît la logique de la transgression des limites et lui obéit.

En tout cas, on peut dire de toutes les théories de la créativité mentionnées plus haut qu'elles en appellent à des forces — l'entendement, l'esprit, la vie, le désir, le language, la textualité ou la différence — qui exercent leur action tant au-delà du culturellement valorisé que du profane, et qui donc transcendent également la limite qui les sépare. En d'autres termes, ces théories postulent un principe donné en dehors de toute valeur culturelle, constituant le *tertium comparationis* et permettant par conséquent d'établir une comparaison infinie entre la mémoire culturelle et l'espace profane. Dès lors, l'innovation individuelle signifie le dévoilement et la mise en évidence de ce principe.

Par exemple, on pourrait penser que tout au monde n'est que déchet ; relativement à cette définition extrêmement générale des choses, la *Mona Lisa* et le déchet seraient équivalents. De la même manière, on pourrait dire que la culture comme le profane ne sont que des manifestations de l'être, de la vie, du désir, des forces de production ou de la différence. En conséquence de cette définition, la culture serait dévalorisée en tant que « simple » manifestation de la pensée ou de l'inconscient, et le profane serait valorisé en tant que manifestation exactement analogue ; ainsi, on finirait par aboutir à une égalité entre les deux. Le garant de cette égalité serait une œuvre d'art dans laquelle le principe concerné s'exprimerait de façon immédiate, ou encore un discours théorique thématisant ce principe. Ainsi, par exemple, on peut dire de l'art de la Renaissance qu'il a découvert la nature en soi, puisque les tableaux de la Renaissance transgressent la limite entre l'espace sacré, traditionnellement assigné à la représentation de l'histoire biblique, et l'espace des événements de la vie quotidienne. De même, on peut dire que le surréalisme révèle l'inconscient comme fondement commun à l'art traditionnel, aux visions et aux rêves individuels aussi bien qu'à l'art primitif.

De cette manière, les théories de la créativité attribuent une signification universelle à une stratégie de comparaison qui confronte ce qui est doté de valeur du point de vue culturel et le profane selon un rapport bien déterminé et dans des espaces culturels et profanes extrêmement limités. Puisque le principe qui sert ici de *tertium comparationis* se voit attribuer une telle signification, il passe également pour être la source même de l'innovation, comme si les tableaux de la Renaissance avaient pour ainsi dire été produits par la Nature elle-même et comme si les tableaux surréalistes étaient en eux-mêmes des manifestations immédiates de l'inconscient. Les manifestations directes du principe tiers, créatif, acquièrent par là une position absolument privilégiée, et deviennent l'équivalent universel permettant une comparaison de tout avec tout. Les limites qui séparent ce qui a de la valeur et ce qui n'en a pas disparaissent ; elles sont annulées par la manifestation de l'occulte, qui empiète sur les valeurs (wertübergreifend).

La proclamation d'un point de comparaison qui soit indépendant des limites axiologiques et hiérarchiques « conventionnelles » présuppose une affirmation : seraient annulées les hiérarchies axiologiques dans l'œuvre d'art comme dans le discours théorique où est censé se manifester à chaque fois ce principe. Cependant, on peut montrer sans difficulté que ni l'art ni le discours ne sont ainsi susceptibles d'annuler les hiérarchies axiologiques. Tous deux contiennent divers éléments relevant aussi bien de la tradition culturelle valorisée que de l'espace profane, qui sont les uns par rapport aux autres dans une relation de réciprocité extérieure et stratégique. Ainsi, on peut mettre en évidence dans un tableau de la Renaissance des motifs et des principes de représentation traditionnels, tout comme des références à la réalité profane de cette époque. Ces deux couches du tableau de la Renaissance ne se mêlent pas complètement l'une à l'autre au point qu'on ne pourrait plus les distinguer ; au contraire, il est toujours possible de les identifier. Mieux encore : ce sont précisément leur autonomie et le fait qu'elles puissent être identifiées qui garantit la tension entre elles — en même temps que le dépassement de cette tension —, laquelle constitue la véritable stratégie novatrice du tableau. On peut en dire autant du tableau surréaliste : il se réfère de manière explicite à certains modèles culturels aussi bien qu'à des déplacements dans leur utilisation où se trouve mis en évidence ce que l'on a coutume de désigner comme travail de l'inconscient.

Toute œuvre d'art, toute œuvre théorique, est scindée en elle-même. En elle demeurent toujours deux couches axiologiques, qui ne se confondent jamais complètement. L'œuvre d'art ou la théorie n'est donc pas une manifestation créatrice de la réalité occulte empiétant sur les valeurs. Elle tire son effet non pas d'un principe extérieur, axiologiquement neutre (wertfrei), mais de la tension existant en elle-même entre différents niveaux axiologiques : plus grande est la tension, plus grand est l'effet. Ainsi, ce sont précisément les œuvres où la prétention culturelle la plus grande se mêle aux choses les plus profanes, les plus insignifiantes, les plus dénuées de valeur, qui émettent un rayonnement particulièrement puissant. Ce sont ces œuvres qui sont ressenties comme radicalement nouvelles et qui ont la plus grande chance d'être admises à figurer dans les archives culturelles. Lorsque la prétention est moindre ou lorsque les éléments valorisés, profanes, rappellent trop la tradition déjà valorisée, la tension diminue — et l'œuvre n'est plus accueillie comme réellement intéressante ou nouvelle.

De ce point de vue, la fonction remplie par les anciennes théories de la créativité dans l'économie globale de l'innovation devient compréhensible : elles garantissent la prétention axiologique la plus grande possible. En ce sens, elles font partie intégrante de cette prétention, et sont par là même pleinement justifiées. Les théories de la créativité mettent en rapport la nouvelle œuvre, qui peut sembler à la vue ou à l'oreille extrêmement profane, avec les valeurs culturelles les plus élevées ; c'est seulement par là qu'elles produisent la tension qui constitue l'œuvre. Le besoin qu'a l'art moderne d'être expliqué lui fut souvent reproché comme un défaut : on émet toujours l'exigence de voir l'art en toute simplicité et de le vivre de façon immédiate[13]. Mais pareil vécu immédiat demeure inopérant, car ce qui est visible dans l'œuvre est en général déjà familier au spectateur dans son caractère profane extérieur ; sans la tension entre le visible et le commentaire, l'œuvre ne fonctionne tout simplement pas.

Dans l'économie de la formation des théories, cette fonction est remplie par un modèle déterminé d'explication. Si « tout » est expliqué à partir d'un principe fondamental, ce principe doit avoir la valeur la plus haute. La tension interne recherchée apparaît si ce principe est tiré de l'espace profane. C'est cette constellation qui donne leur charme aux explications qui font par exemple appel au marché, au pouvoir, à la sexualité ou au langage quotidien. Les nouvelles théories sont toujours celles qui tirent leurs principes du profane, tout en leur conférant une fonction d'explication universelle : cette position était traditionnellement occupée par les principes les plus élevés et les plus valorisés.

Ce qu'on a dit s'applique également aux discours portant sur des œuvres artistiques et théoriques. Dans la pratique culturelle, les seules interprétations d'une œuvre d'art ou d'une théorie qui soient intéressantes et novatrices sont au fond celles qui contiennent elles-mêmes la couche valorisée aussi bien que la couche profane. Ainsi, dire d'une œuvre d'art classique, par exemple de la *Mona Lisa*, qu'elle manifeste le passage à la production de marchandises et à la consommation commerciale de l'art est intéressant parce que cette interprétation place des jugements culturels valorisés et profanes dans une relation réciproque. En ce sens, il serait également intéressant de dire que la *Mona Lisa* représente simplement une combinaison déterminée de lignes et de taches de couleur, ce qui la mettrait en rapport avec l'art abstrait, ou encore qu'elle manifeste d'une manière spécifique un désir pervers, décadent, par quoi serait établi un rapport au surréalisme. Le nombre d'interprétations intéressantes de ce genre serait assez élevé, mais en aucun cas infini. Tous ces développements sont déjà bien connus, et leur ajouter une nouvelle interprétation qui placerait l'élément culturellement valorisé et l'élément profane présents dans la *Mona Lisa* dans une nouvelle relation réciproque, est difficile — tout aussi difficile que de créer une nouvelle œuvre d'art. Mais voilà qui signifie également que l'infinité des interprétations, à laquelle on aime particulièrement se référer aujourd'hui, peut certes être pensée, mais ne peut en aucun cas être réalisée de manière effective[14]. C'est pourquoi le système des interprétations est lui aussi archivé et régi par un système d'institutions sociales organisées de manière hiérarchique, telles que les universités, les éditions scientifiques et les bibliothèques.

La couche valorisée du point de vue culturel et la couche profane sont donc également présentes dans l'œuvre d'art particulière ; elles y sont certes inséparablement mêlées, mais nullement confondues en un tout organique. Et, dans l'œuvre, on peut les reconnaître si clairement qu'il est impossible de les dissoudre complètement dans l'infinité des différences et des interprétations. Même dans l'œuvre d'art particulière ou dans le discours, la dichotomie axiologique n'est pas supprimée. Au contraire, c'est précisément cette dichotomie qui constitue la tension interne de l'innovation. Avec le temps, cette tension décroît, l'innovation est archivée et valorisée, les limites axiologiques se déplacent. Et l'innovation suivante finit par advenir.

Le « readymade » de Marcel Duchamp

Concevoir l'innovation comme un déplacement de la limite qui sépare, de l'espace des choses profanes, la tradition culturelle valorisée et conservée, renvoie d'abord à l'esthétique du readymade, et plus particulièrement aux travaux de Marcel Duchamp. Cependant, ce renvoi ne signifie nullement que la méthode dont usait Duchamp pour créer du nouveau serait simplement à analyser et à généraliser ici comme une méthode spécifique, susceptible d'être mise en pratique parallèlement à d'autres méthodes — même si on peut facilement comprendre cette idée, puisque Duchamp et ses successeurs étaient ou sont des artistes tout à fait concrets, munis de programmes et de problèmes individuels. Encore moins doit-on concevoir ce renvoi comme revenant à affirmer que l'esthétique et la méthodologie du readymade sont supérieures à toutes les autres. Au contraire, tout ce qui a été dit jusqu'ici met avant tout en évidence que la stratégie novatrice telle qu'elle fut pratiquée par Duchamp est universelle et sous-jacente à tout geste novateur — indépendamment de la manière dont Duchamp lui-même a appliqué cette stratégie pour atteindre les buts artistiques spécifiques qui lui étaient propres.

Bien que la pratique artistique de Duchamp soit désormais familière, et qu'elle ait pu — particulièrement au cours des dernières décennies — servir de point de repère ne serait-ce qu'à l'art occidental contemporain, on n'en a encore jamais tiré de conclusions satisfaisantes du point de vue théorique. On continue à interpréter la technique du readymade comme une tendance artistique particulière parmi beaucoup d'autres, comme si ces autres tendances artistiques utilisaient des procédés d'innovation différents. Mais l'usage que fit Duchamp de readymades, c'est-à-dire de certains objets familiers de la vie quotidienne, ne lui servit qu'à mettre en évidence un procédé qui avait été de tout temps et universellement appliqué — non seulement dans la production artistique, mais dans la culture en général. Duchamp renonça à transformer de l'extérieur l'objet profane qu'il utilisait, afin de montrer que la valorisation culturelle de cet objet constitue un processus différent de sa transformation artistique. Lorsqu'un objet valorisé du point de vue culturel se distingue extérieurement des choses quotidiennes ordinaires, apparaît en effet la tentation — pleinement compréhensible du point de vue psychologique — de faire passer cette différence extérieure pour le fondement de la différence axiologique entre cet objet « artistique » et les choses quotidiennes. Mais si on renonce à une différence extérieure de ce genre, la question du principe de la transvaluation des valeurs se pose avec une radicalité plus appropriée.

En fin de compte, la force de la pensée de Nietzsche, qui a le premier postulé la transvaluation des valeurs comme principe même de l'innovation culturelle, ne consiste pas en ce qu'il ne voulut pas fonder de nouveaux principes philosophiques par sa critique de la tradition philosophique, mais en ce qu'il voulut valoriser du point de vue philosophique une certaine pratique de vie extra-philosophique déjà existante. En ce sens, la pensée de Nietzsche comme l'art de Duchamp illustre la percée vers la compréhension de l'innovation culturelle. Mais ici, Duchamp est plus conséquent, dans la mesure où Nietzsche continue à postuler la vie, le dionysiaque ou la volonté de puissance comme une réalité occulte, se manifestant telle quelle dans sa propre créativité. C'est pourquoi Nietzsche ne conçoit pas encore sa propre intention critique comme une transvaluation de certaines valeurs culturelles archivées, mais comme une transvaluation de toutes les valeurs : autrement dit, il la conçoit comme un événement historique unique, et non comme une logique économique de l'innovation qui se répète.

Pour Duchamp en revanche, il n'existe rien en dehors du contexte valorisé de l'art, pas plus qu'en dehors de la réalité profane, qu'il pourrait manifester ou « réaliser ». Pour lui, seule existe la possibilité de transvaluer des choses qui existent déjà : il se caractérise lui-même comme un « homme sans inconscient[15] ». Par conséquent, pour peu que l'on prenne Duchamp au sérieux, on ne peut recourir à des forces et à des principes occultes et inconscients pour interpréter son art. Au contraire, on doit se demander ce que cela signifie pour le discours interprétatif lui-même de prendre au sérieux la conception de l'innovation qui est celle de Duchamp. L'interprétation qui prend cette conception pour point de départ ne sera plus une interprétation de Duchamp ; elle sera bien plutôt l'interprétation de l'art tout entier dans la perspective de la découverte de Duchamp. Elle sera également l'interprétation des discours théoriques interprétatifs du point de vue de cette découverte.

En d'autres termes, pour toute œuvre d'art novatrice comme pour tout discours théorique novateur, cette interprétation cherchera à répondre aux questions suivantes : quelle était la logique propre à l'économie culturelle qui a produit ces phénomènes culturels ? Quelles choses profanes furent dans chaque cas particulier valorisées ? De quelle manière fut établie la comparaison, et de quelle manière celle-ci modifiat-elle la limite entre la culture valorisée et l'espace profane ? Mais bien entendu, la création artistique de Duchamp peut elle aussi être soumise à une analyse de ce genre, puisque dans ses résultats elle est également finie et concrète.

Duchamp a dit qu'il voulait enseigner aux artistes à penser. À présent, il est temps que les non-artistes apprennent eux aussi à penser auprès de lui.

L'avantage du readymade tient à ce qu'il met clairement en évidence les deux niveaux axiologiques présents dans tout travail particulier. Lorsqu'on tire un objet donné de l'espace profane et qu'on le reconnaît sans ambiguïté comme tel, mais que là-dessus on le place dans le contexte de l'art valorisé, toute illusion d'une synthèse organique entre l'élément valorisé et l'élément profane est exclue. C'est pourquoi est également exclue toute référence à un principe autre et tiers qui serait susceptible de les englober tous les deux et de se manifester de façon immédiate dans l'œuvre. Les deux niveaux de conception du readymade sont suggérés aussi bien par l'élément valorisé que par l'élément profane. Mais en aucun cas ils ne se confondent, ne sont supprimés et ne forment une unité. En outre, leur inconciliabilité détermine également la réception de l'œuvre.

La technique du readymade a fait l'objet de nombreux commentaires dans la critique du vingtième siècle. Cependant, dans le cadre du présent travail, un aperçu systématique de ces commentaires n'est ni possible ni souhaitable. Qu'il nous suffise de mettre en évidence les aspects de ces interprétations dont la discussion nous servira à mieux comprendre le procédé de l'innovation.

La plupart du temps, on interprète le readymade comme un signe de la liberté totale de l'artiste ; celui-ci serait libre de placer n'importe quoi dans un contexte artistique, et par là même de valoriser n'importe quoi. L'œuvre d'art cesse de se distinguer substantiellement ou qualitativement de quelque autre chose que ce soit. Aucun des critères traditionnels d'exécution, de beauté, d'expressivité, n'est plus en vigueur. En fin de compte, la distinction entre art et non-art devient alors le résultat de la libre décision de l'artiste lui-même ou de certaines institutions sociales s'occupant d'art, telles que les musées, les galeries privées, la critique d'art ou l'histoire de l'art académique.

C'est avant tout dans les études d'Arthur Danto *(La transfiguration du banal)* et de George Dickie *(Art et Analyse. L'analyse institutionnelle)* que le readymade est thématisé du point de vue de la distinction entre art et non-art. L'enjeu de l'investigation porte principalement sur la question de savoir si des objets quotidiens peuvent, sans aucune modification de forme, être considérés comme des œuvres d'art. Tous deux répondent par l'affirmative à cette question. Selon Danto, l'art se distingue du non-art par l'intention de l'auteur et dès lors par la possibilité d'interpréter cette intention. Lorsqu'un artiste déclare qu'un objet donné est une œuvre d'art et le manipule en conséquence, cet objet acquiert une nouvelle dimension — il devient la manifestation d'une idée artistique, d'une intention individuelle, d'un style personnel. Ici, l'art continue à être pensé comme le signe de l'intention de l'auteur, comme ce qui rend visible l'occulte et manifeste l'intériorité. Toute l'argumentation repose sur l'affirmation selon laquelle l'art du readymade satisfait lui aussi à de telles exigences[16]. Pour Dickie, les œuvres d'art sont pareillement des manifestations ou des signes d'intentions cachées — celles-ci n'étant plus, cependant, individuelles ou propres à l'auteur, mais sociales et institutionnelles[17].

Maintenant, la question « qu'est-ce que l'art ? » n'est pas identique à la question du rapport entre ce qui est doté de valeur et le profane. Rien n'est plus facile que de produire un art qui puisse sans ambiguïté être identifié comme tel ; et de fait, on en produit sans cesse. Mais cet art n'est pas considéré comme doté de valeur et digne du musée, parce qu'il n'est ni original ni novateur — il passe bien plutôt pour du kitsch. En revanche, l'art de Duchamp ou d'Andy Warhol, que Danto a surtout en vue, est doté de valeur précisément parce qu'il ne peut d'emblée être reconnu comme de l'art. En voulant démontrer que cet art est lui aussi un art, non moins que tout autre, Danto et Dickie négligent son caractère problématique, celui même qui lui a conféré sa valeur ; ils banalisent cet art et rendent son succès incompréhensible. Si l'art ne devient de l'art que par l'intention de l'artiste ou par la mise en valeur (Verwertung) institutionnelle, il demeure impossible de comprendre pourquoi les artistes tentent toujours de remettre en question cette intention et cette mise en valeur en innovant, pourquoi ils ne se contentent pas d'en rester docilement à l'ancien. L'innovation est en effet obtenue de force, par la logique de l'économie culturelle, qui dévalorise sans cesse à nouveau l'art qui a l'apparence de l'art. Démontrer que l'art du readymade est lui aussi un art n'est donc pas lui rendre un grand service.

Seule la tension interne entre le caractère profane de l'objet, de l'attitude, de la posture ou du destin et la prétention artistique ou théorique qui en découle confère à l'innovation une valeur qui la distingue aussi bien de l'espace profane que de la masse de l'art non novateur, trivial, conforme aux définitions. Seul est admis à figurer dans les archives l'art qui se soustrait à tout partage univoque entre art et non-art : celui qui, sans satisfaire aux critères artistiques traditionnels et sans non plus appartenir clairement à l'espace profane, accueille les caractéristiques des deux et thématise leur rapport. Une œuvre d'art ou une théorie qui réalise une thématisation de ce genre obéit par là même à la logique de la transvaluation des valeurs. Seul le fait que ses auteurs se présentent comme des agents historiques de cette logique la rend digne de l'archive (archivwürdig). De ce point de vue, les autres intentions, désirs, sentiments ou stratégies qui leur sont propres ne sont pas pertinentes — même si elles peuvent très bien contribuer par ailleurs au charme exercé par leurs œuvres sur l'éventuel consommateur.

Comme on l'a dit, la transgression des limites axiologiques est toujours provisoire, bien qu'on ait pu également interpréter le geste novateur de Duchamp comme définitif, ou comme une transvaluation des valeurs. Il est caractéristique qu'au cours du temps, cette interprétation du readymade ait changé de signe à plusieurs reprises. Au début, les contemporains de Duchamp concevaient ses readymades comme annonçant la « fin de l'art ». Pour eux, la mise sur le même plan de l'œuvre d'art valorisée et d'une chose profane quelconque impliquait avant tout que tout l'art du passé, mais aussi toute la pratique artistique du présent, devaient être déclarés dénués de valeur et d'utilité[18]. Par conséquent, ce qui était décisif dans l'adoption des readymades de Duchamp ou la polémique à leur encontre c'était de savoir jusqu'à quel point l'auteur était prêt à se désolidariser de manière révolutionnaire de l'art en tant que tel, à accepter la destruction de toutes les distinctions hiérarchiques et axiologiques, et à s'accommoder de l'absorption totale de l'art par l'espace profane.

Mais avec le temps, lorsque les readymades de Duchamp et l'esthétique du readymade en général commencèrent à occuper une place honorable dans l'histoire de l'art, leur description s'attacha moins à souligner la dévalorisation de l'art que la valorisation du profane. Ainsi, le ton pessimiste fut peu à peu remplacé par un ton tout à fait optimiste. Dans le readymade, on apercevait à présent la possibilité d'élever l'espace profane tout entier jusqu'au niveau de l'art doté de valeur — d'une manière analogue au procédé que le naturalisme du dix-neuvième siècle avait déjà utilisé, mais cette fois sous une forme beaucoup plus radicale du point de vue esthétique et beaucoup plus simple du point de vue technique. Pour le pop art américain ultérieur, par exemple, la technique du readymade ne témoignait absolument plus de la fin de l'art en tant que tel, mais de la fin de l'hégémonie de la vieille Europe dans l'art et du commencement d'une nouvelle période placée sous la direction de l'art américain, qui introduisait des témoignages du monde visuel contemporain dans la tradition artistique. Ainsi le readymade tendait-il à présent à devenir le signe positif de la liberté totale de l'artiste lorsqu'il s'agit de déterminer ce qui est doté de valeur et ce qui est dénué de valeur, cette liberté étant censée symboliser la subordination propre à la démocratie libérale de toutes les hiérarchies axiologiques à la volonté et à la décision d'un seul homme[19].

Cependant, il apparut peu à peu que tous les readymades étaient loin de pouvoir réellement figurer dans un contexte artistique. Puisqu'à ce moment, l'artiste était déjà proclamé libre, et puisque les critères objectifs de qualité, de valeur, de hiérarchie, etc., passaient pour abolis, on en conclut tout naturellement que la sélection était déterminée de manière décisive par les intrigues des galeristes, des responsables de musées et des collectionneurs. Ceux-ci, disait-on, limitaient intentionnellement le nombre des objets pour faire monter leur prix. Déjà Duchamp avait dit, sans apporter d'argument déterminé, vouloir limiter le nombre de readymades. On y voyait à présent un calcul commercial exact. Si toutes les choses sont au fond égales, on ne peut réellement voir dans leur inégalité factuelle que le résultat de manipulations profanes. C'est pourquoi avec le temps, les artistes se mirent soit à mettre consciemment en pratique ce qu'ils tenaient pour la bonne stratégie commerciale, soit à considérer le readymade non pas certes comme la fin de l'art, mais tout de même comme une critique permanente des mécanismes sociaux de valorisation de l'art. Dans l'art d'aujourd'hui, ces deux approches sont la plupart du temps combinées, de sorte que la critique de l'art commercial coïncide avec la recherche de la stratégie commerciale optimale.

Selon cette ligne d'interprétation, la liberté, en tant que principe universel de comparaison, garantit l'unité du readymade, que ce soit en tant que liberté existentielle de l'individu ou en tant que liberté de décision sociale et politique — et ainsi conçue, cette liberté ne peut être limitée que de l'extérieur. Cependant, il y a longtemps que l'esthétique du readymade n'agit plus de manière originale et novatrice. Duchamp n'a pas seulement ouvert une nouvelle possibilité à la création artistique, il l'a également abolie, dans la mesure où l'art qui réalise cette conception semble à présent être nécessairement redevenu conventionnel, trivial, inintéressant. Néanmoins, pour laisser ouvert le chemin sur lequel s'est engagé Duchamp, la discussion est généralement déplacée du plan de l'innovation propre à l'économie culturelle vers celui des contenus personnels[20].

La critique actuelle recherche d'abord les déterminants occultes, inconscients, libidinaux, censés avoir dicté à Duchamp le choix de ses readymades. En effet, il n'est pas difficile d'interpréter le choix par Duchamp d'un urinoir pour sa *Fontaine*, de même que d'autres de ses readymades, dans le contexte de la psychanalyse telle qu'elle est largement répandue ainsi que dans le contexte de l'intérêt général pour l'*objet trouvé* des surréalistes, auxquels Duchamp était étroitement lié[21]. Dans ce cas, le choix du readymade n'est nullement libre, mais se révèle dicté par des mécanismes de désir et par des fixations fétichistes ; de sorte que la transgression de la limite axiologique entre l'art valorisé et l'espace profane n'est ici qu'un effet résiduel du travail souterrain du désir, et non un but stratégique fixé dès le début. Apparemment, ce déplacement du principe de comparaison du plan de la conscience stratégique vers celui de l'inconscient et du désir permet simultanément d'expliquer pourquoi il est possible de continuer à produire des readymades même après Duchamp.

Si l'on pense que chaque readymade représente simplement l'espace profane comme tel, il ne peut de fait exister qu'un seul readymade : dans le contexte de l'art, n'importe quelle chose peut par conséquent valoriser l'espace profane dans son intégralité. Il suffit d'un seul readymade, par exemple de la *Fontaine* de Duchamp, pour mettre en évidence la suppression des hiérarchies axiologiques et marquer à son goût la fin de l'art, ou plus précisément la fin du profane. La situation est différente si les readymades manifestent les désirs cachés des artistes, leurs rituels inconscients et leurs fixations fétichistes. Dans ce cas, l'espace profane cesse d'être homogène, pour devenir le domaine d'expression de l'inconscient. Ce n'est pas un hasard si pendant longtemps, les readymades de Duchamp n'ont pas suscité de large mouvement artistique, bien qu'ils aient déjà été connus d'un public assez large. On ne voyait pas de quelle manière la méthode de Duchamp en général pouvait être poursuivie. Les diverses théories de l'inconscient, tout particulièrement le structuralisme et plus tard le post-structuralisme, finirent par indiquer la voie.

Pour le structuralisme, toutes les choses du monde apparaissent comme des signes de systèmes, de rapports de sens, de structures, de mythes, de rituels, et de langues cachés. Dès lors, l'espace profane perd sa neutralité, en même temps qu'il cesse d'être nettement séparé de la mémoire culturelle valorisée. Robert Filliou a fait remarquer que dans une autre culture, la *Fontaine* de Duchamp aurait très bien pu avoir une signification culturelle déterminée[22]. D'après cette interprétation, l'artiste acquiert grâce aux mécanismes de l'inconscient la possibilité de créer à l'aide du readymade son propre mythe ou de découvrir des mythes sociaux cachés. Dans le readymade, c'est à présent l'inconscient, et non plus la liberté, qui sert de *tertium comparationis* garantissant son unité. Ainsi, des artistes tels que Joseph Beuys, Mario Merz, Robert Filliou, Marcel Broodthaers, Christian Boltanski, Jannis Kounellis ou Rebecca Horn créent selon différentes variantes de l'esthétique du readymade leurs propres espaces quasi-mythologiques, où diverses choses profanes acquièrent des significations symboliques, magiques ou érotiques. Hans Haacke utilise cette esthétique à des fins de critique sociale, tandis que les travaux d'Andy Warhol ou ceux du soc-art russe, de même que les readymades de Jeff Koons, peuvent être conçus aussi bien comme une variante de la critique sociale que comme la création d'un mythe personnel, puisque le mythe personnel est ici créé à partir du matériau fourni par les mythes sociaux.

C'est sous cette forme que l'esthétique duchampienne du readymade — bien entendu sensiblement modifiée — devint une esthétique déterminante du point de vue pratique dans l'art de notre époque, puisqu'elle ouvrait la possibilité de rendre à l'art son expressivité, son individualité et sa richesse de contenu. Duchamp lui-même entendait réduire tous les niveaux à l'expressivité et placer dans le contexte culturel valorisé un objet extérieur à la tradition artistique et donc n'entrant pas dans le système compliqué des associations, des significations et des références culturelles. Cette stratégie caractérisa l'avant-garde classique en général, qui avait une prédilection pour l'utilisation d'objets non traditionnels et profanes, en vue de mettre en évidence la totale liberté qu'a l'artiste d'attribuer à ces objets une nouvelle signification, qu'il a lui-même créée ici et maintenant. Toutefois, étant donné que le structuralisme, la psychanalyse, la théorie du langage de Wittgenstein ainsi que d'autres théories analogues qui travaillent d'une manière ou d'une autre avec le concept d'inconscient, ont pu démontrer de manière convaincante qu'il n'y a pas de choses neutres, purement profanes, et que toute chose a une signification — même si celle-ci n'apparaît pas à un regard superficiel —, il semble que l'orientation avant-gardiste originelle vers la chose pure, sans signification, non grevée par la culture, ne soit plus possible à notre époque[23].

Par conséquent, la compréhension de l'art, qui s'est approprié ces théories, se retrouve au fond aujourd'hui dans la même situation qu'avant l'avant-garde. De nouveau, on conçoit et on décrit l'art à l'aide des concepts d'individualité et d'expressivité artistiques, de la signification des idées qu'il exprime, de la richesse du monde individuel qu'il crée, de la spécificité et de la profondeur de l'expérience artistique individuelle qui s'exprime en lui. Dans cette perspective, la technique du readymade apparaît comme une nouvelle version du Salon international de l'Art, qui rappelle le Salon français de la fin du siècle dernier. En d'autres termes, elle n'est que la somme de formes d'expression professionnelles que rien d'essentiel ne distingue de celles de la peinture ou de la sculpture traditionnelles. Comme autrefois, il est de nouveau question aujourd'hui d'expressivité et de richesse du contenu — à la différence près que ce genre de choses est aujourd'hui obtenu par une stratégie déterminée pour la sélection des objets du monde profane, et non par la reproduction de ces derniers sur la toile ou dans la pierre[24].

D'autre part, maintenant que l'appréhension générale du monde en termes de signes est devenue une idéologie reconnue, il est bien entendu devenu impossible d'affirmer sérieusement que les stratégies artistiques sont aujourd'hui encore dictées exclusivement par l'inconscient. Seuls les surréalistes firent de l'inconscient le thème explicite de leur pratique culturelle tout à fait consciente. Aujourd'hui, lorsqu'un artiste réfléchit au choix des objets avec lesquels il veut travailler, il commence par regarder autour de lui et par émettre un avis sur ce qui est déjà fait et sur ce que font ses contemporains, pour ensuite trouver son propre domaine d'objets-signes (Zeichen-Objekte) et son propre mode de travail. Si on lui demande pourquoi il travaille précisément avec ces objets et non avec d'autres — par exemple pourquoi il utilise des épaves de voiture et non des assiettes cassées —, l'artiste d'aujourd'hui répondra généralement qu'il s'« intéresse » à ces objets. On interprétera cette explication comme on voudra ; mais de fait, il veut dire par là qu'il s'est choisi ce domaine d'objets et non un autre parce que d'autres artistes n'y travaillent pas encore. Ici, le principe de nouveauté est donc toujours en vigueur, puisqu'on choisit quelque chose qui n'a pas encore acquis de statut artistique. Néanmoins, ceci ne s'identifie pas à la nouveauté radicale d'autrefois, propre à l'avantgarde : il s'agit ici de la valorisation supplémentaire d'un certain type d'objets dans un espace que la culture a déjà jalonné, et non de la découverte de nouvelles choses profanes par-delà toute tradition. Ainsi autrefois, de nombreux peintres attachaient-ils de l'intérêt à la représentation de chevaux et de vaches, d'autres à des vues de villes, d'autres encore à des natures mortes au gibier.

Mais il serait à coup sûr injuste de réduire la capacité d'innovation de l'art nouveau à ce genre de réalismes résiduels. En utilisant des objets déjà connus par un procédé qui n'a plus aucun effet provocateur, l'art d'aujourd'hui détourne l'attention du spectateur de ces objets et le rend attentif au contexte dans lequel ils apparaissent. Après Duchamp, l'art nouveau s'occupe de l'environnement social, politique, sémiotique ou médiatique de l'art, qu'auparavant on ne prenait pas en considération. Par conséquent, la sélection des objets ne se fait pas en fonction des préférences personnelles de l'artiste, mais obéit à la logique de l'économie culturelle. Cette sélection est censée attirer l'attention sur les contextes, qu'auparavant on entrevoyait ou soupçonnait certes derrière les tableaux ou dans leur ombre, mais qu'on ne considérait pas comme dotés de valeur ou dignes de l'art.

Par exemple, des appropriationnistes tels que Mike Bildo ou Sherrie Levine utilisent dans leur pratique artistique des reproductions d'œuvres d'art célèbres pour les revaloriser en tant que readymades. Ces reproductions ne sont ni dégradées, ni défigurées. Auparavant, on ne les voyait pas dans leur distance par rapport à l'original, et par conséquent on ne les ressentait pas non plus comme dotées de valeur. C'est seulement à la suite de la théorie de la reproduction formulée par Walter Benjamin que cette distance devint visible[25]. Sans aucune intervention dégradante de l'artiste, nous sommes aujourd'hui en mesure de réfléchir à la différence axiologique entre l'original et sa copie. D'où la possibilité de reconnaître la copie dénuée de valeur comme un phénomène culturel autonome. Du reste, on est ici en droit de parler de la découverte originale d'un nouvel espace profane, encore plus profane que la reproduction dégradée de la *Mona Lisa* par Duchamp, évoquée plus haut. En effet, les readymades classiques de la « première génération » se réfèrent encore de façon immédiate à l'intervention directe et active de l'artiste, ce que ne font plus les readymades des générations « appropriationnistes » ultérieures. Chez eux, l'action passivement subie de la pratique reproductrice est réinterprétée comme un dépassement de l'original, et par là même comme une nouvelle valeur artistique. À une intervention directe et créatrice de l'artiste se substitue l'interprétation appropriée.

Cette interprétation présuppose les théories du signe et de l'inconscient. Ces théories ont donné à de simples choses la dignité et la valeur du signe, en même temps qu'elles ont thématisé la matérialité ou la choséité des signes traditionnels. Ce faisant, elles appliquaient le même procédé novateur que l'art moderne: la chose devint signe inconscient, et le signe chose inconsciente[26]. De même que le discours théorique, la pratique artistique est donc toujours déterminée par les mêmes stratégies novatrices, qui visent à valoriser le profane et à dévaloriser la tradition. C'est pourquoi l'art ne peut faire appel à aucun discours théorique qui lui servirait de fondement ou de légitimation dès lors que ce discours est censé décrire la réalité occulte : seule peut être répétée une stratégie novatrice déterminée qui soit en même temps une stratégie artistique. De même, le discours théorique ne peut se fonder sur aucune pratique artistique comme sur quelque chose d'objectif. C'est dire que l'innovation ne peut être expliquée comme une action de principe ou de forces occultes. La description ou la découverte de ces forces occultes est toujours elle-même un événement relevant d'une stratégie novatrice analogue; en d'autres termes, elle est une instance de la même logique propre à l'économie culturelle.

L'adaptation négative

Pour comprendre en quoi consiste la stratégie novatrice, nous devons tout particulièrement examiner la manière dont, dans le cadre de l'esthétique du readymade, un objet est transféré du contexte profane au contexte valorisé de l'art. On pense souvent que l'objet profane n'est transféré que du point de vue institutionnel, que par exemple l'urinoir de Duchamp fut simplement déplacé de la place du marché à l'exposition d'art. Dès lors, la conclusion s'impose que l'espace d'innovation n'est pas l'œuvre d'art elle-même, mais qu'il est constitué de divers facteurs extérieurs qui se manifestent uniquement en lui. En revanche, la transvaluation des valeurs n'est jamais accomplie que par une interprétation immanente à l'œuvre elle-même. Cette interprétation entretient une relation nécessaire avec l'objet, et fait dès lors partie intégrante de l'œuvre novatrice ; elle est pour ainsi dire incorporée visuellement dans l'objet artistique. Ici, nous devons par exemple observer que Duchamp retourne l'urinoir qu'il s'est procuré, avant de le faire devenir la *Fontaine*. Ce faisant, Duchamp place son objet en contraste non seulement avec la tradition artistique valorisée et avec sa stylistique de fontaines telle qu'elle s'est développée historiquement, mais également avec l'urinoir en tant qu'objet d'usage quotidien.

Cependant, retourner ainsi l'urinoir, ce n'est pas seulement le défonctionnaliser en l'offrant en objet à l'attention du spectateur ; ce qui se produit aussi, c'est que la nouvelle forme apparue par là suscite quantité d'associations purement culturelles. Ainsi, de nombreux contemporains de Duchamp reconnurent dans la forme de sa *Fontaine* les contours de l'icône de la Madone ou ceux de la représentation de Bouddha assis, très répandue en Orient et également très appréciée en Occident à cette époque[27]. L'image de Bouddha était en effet utilisée pour désigner une indifférence absolue vis-à-vis de toutes les valeurs — une contemplation pour laquelle ce qui est important ne se distingue plus de ce qui n'est pas important. En suggérant l'image de Bouddha assis, la *Fontaine* de Duchamp peut également être interprétée comme un signe de transvaluation complète des valeurs. On peut donc dire que la *Fontaine* contient même sur le plan visuel des éléments qui l'inscrivent dans une série culturelle valorisée bien déterminée. Parmi ces éléments, on doit également compter toutes les associations érotiques suscitées par cet objet, qui renvoient moins à l'inconscient lui-même qu'au discours sur l'inconscient — déjà suffisamment valorisé à cette époque — et à la pratique artistique des surréalistes. On peut reconnaître des renvois analogues dans d'autres travaux de Duchamp.

Comme on l'a montré plus haut, un travail de Duchamp contient toujours deux couches de renvois. Les uns vont à la tradition culturelle valorisée, les autres à l'espace profane dénué de valeur, et associé à la « réalité en soi ». Ainsi, dans la reproduction défigurée de la *Mona Lisa*, la référence à la grande tradition reconnue est confrontée à des défigurations facétieuses et à des légendes obscènes qui rappellent les graffitis des grandes villes. La *Fontaine* met en scène cette confrontation d'une manière encore plus subtile, en associant dans la même œuvre la grande tradition de l'indifférence contemplative et universelle à la production de masse industrielle anonyme de la modernité. La présence de ces deux couches dans une seule et même œuvre d'art produit une tension, qui constitue la valeur même de l'œuvre.

Dans la *Fontaine*, la tradition est continuée de deux manières distinctes. D'une part, parmi l'abondance des objets quotidiens, Duchamp commence par choisir comme objet un urinoir, qui sur le plan formel rompt de la manière la plus radicale avec la grande tradition artistique. À cette époque encore, on voulait en général compenser esthétiquement la froide fonctionnalité de la production industrielle, en revenant à la tradition artisanale de l'art. L'avant-garde, en revanche, a précisément élevé cette froide fonctionnalité au rang de nouvelle esthétique[28]. L'urinoir, en tant qu'objet socialement refoulé, ne fut pas produit d'abord dans le but d'être admiré pour ses qualités esthétiques. C'est pourquoi sur le plan formel, il représentait de la manière la plus conséquente la nouvelle esthétique fonctionnelle. En matière esthétique, un urinòir offrait donc à l'époque de Duchamp, plus encore qu'une automobile ou qu'un avion, une alternative clairement définie aux représentations axiologiques traditionnelles.

Pour Duchamp, le choix d'un urinoir n'était donc ni libre, ni arbitraire, ni dicté par l'inconscient, il était nécessaire d'un point de vue stratégique. Ce choix présuppose l'existence d'un musée où sont conservés et historiquement comparés les styles esthétiques différents et contrastés de différentes époques. Il en découle nécessairement la tâche de définir le présent comme un style spécifique au sein de la comparaison muséale, afin d'assurer pour ce présent tout entier et pour soi-même en tant qu'on le représente, une conservation durable dans le musée. Dans une perspective quasi-archéologique ou muséale, le présent propre et vivant est ainsi considéré comme déjà mort, exotique et étranger — comme un readymade, précisément[29]. Le choix par principe du contraste, de l'étrangeté, de l'exotisme ou de l'altérité esthétiques constitue donc une forme spécifique d'adaptation à la tradition muséale fixée — la poursuite de cette tradition n'étant cependant pas assurée ici de manière positive, mais de manière négative, et par contraste. D'autre part, l'adaptation négative à la tradition se fait selon des règles qui sont peut-être encore plus rigides que dans le cas de l'adaptation positive. Car ici, les seuls objets profanes qui soient susceptibles d'être sélectionnés sont ceux qui s'opposent le plus radicalement aux modèles traditionnels, c'est-à-dire ceux que l'artiste a rendus le plus dénués de valeur et le plus profanes. Seules de pareilles œuvres d'art, négativement normatives, négativement adaptées ou encore négativement classiques, sont en mesure de servir de signifiants du présent et de désigner ce que le présent a de présent. Le signe du présent n'est donc pas une manifestation « véridique », « authentique » ou « spontanée » du présent ou de la réalité ou du réel, mais une œuvre produite selon des règles bien déterminées de normativité négative.

En même temps, la *Fontaine* continue également la tradition de manière positive. Par tout un système de renvois culturels — que ce soit à l'iconographie bouddhiste ou aux connotations érotiques, « rendues taboues », et donc sacralisées —, le readymade de Duchamp manifeste la prétention de se rattacher positivement à la grande tradition culturelle[30]. Ce n'est que par une telle prétention que le contraste axiologique esthétique acquiert sa pleine signification : un objet quotidien dépourvu d'une prétention de ce genre n'aurait aucune chance d'être placé dans une série aux côtés des modèles du passé en vue de rendre sensible le contraste esthétique. L'innovation a donc pour sens d'être une stratégie qui combine une continuation positive et une continuation négative de la tradition, de telle manière que la continuité aussi bien que la rupture avec la tradition sont formulées avec la plus grande clarté et la plus grande intensité.

Ainsi, l'œuvre d'art devient pour un instant le lieu où les différences hiérarchiques disparaissent, où les oppositions axiologiques traditionnelles perdent leur validité et où le pouvoir du temps — en tant que confrontation du passé doté de valeur et du présent et du futur dénués de valeur — est dépassé. De là découle l'expérience de l'extra-temporalité, du bonheur extatique que procure la réalisation d'une utopie, de la liberté et de la toute-puissance magique qui s'attache à l'acte artistique réussi, c'est-à-dire radicalement novateur. Cependant, le readymade met simultanément en évidence qu'il s'agit là d'une utopie extrêmement limitée et que l'œuvre d'art n'est pas la pierre philosophale qui permettrait de transformer l'urinoir en or, contrairement à ce que s'imaginèrent bien des utopistes. Alors même qu'il est admis à figurer dans la tradition valorisée, le profane n'est pas complètement dépassé : à tout moment, l'urinoir peut être remis à l'endroit, être retiré de l'exposition d'art et être utilisé conformément à sa destination. La synthèse réelle et indestructible du valorisé et du profane n'a pas lieu, le principe de comparaison ne se donne pas à reconnaître dans la « créativité » de l'artiste, et dès lors aucune garantie universelle d'égalité n'est donnée. En outre, l'esthétique du readymade présuppose explicitement qu'il existe un système de conservation institutionnalisé et protégé du point de vue social, destiné à garantir à l'innovation, par nature finie, une stabilité historique au moins relative. En effet, il est impossible d'acquérir cette garantie en faisant appel au transcendant, à l'immortel ou à l'universel.

Voilà qui ne concerne pas seulement l'esthétique du readymade sous sa forme pure ; on est fondé à en dire autant de l'art novateur dans son entier — même de celui qui semble s'opposer nettement à cette esthétique. Par exemple, le célèbre *Carré Noir* de Malevitch renvoie à la forme la plus générale de l'image en tant que telle ; il est en un sens l'image de l'image elle-même ou encore, ce qui revenait au même pour Malevitch, l'image du noir chaos originel, antérieur à tout acte du voir. Ici, Malevitch renvoie à la tradition culturelle valorisée de la contemplation mystique, au platonisme et à son amour pour la géométrie, ainsi qu'à l'icône chrétienne[31]. Ainsi, la grande tradition culturelle, qui chez Duchamp demeurait à l'arrière-plan, se retrouve chez Malevitch au premier plan. Mais en même temps, le *Carré Noir* de Malevitch est une figure géométrique profane qui renvoie en premier lieu au monde profane de la technique, des constructions techniques et de la production de masse standardisée ; en d'autres termes, il est également un readymade.

La tension interne du *Carré Noir* provient d'abord de la comparaison de ces deux niveaux qui, distincts du point de vue hiérarchique, sont présents dans une œuvre d'art. Cependant, il s'y ajoute ici un effet supplémentaire du fait que le rapport hiérarchique de ces deux niveaux se révèle différent selon la perspective culturelle que l'on adopte. À la pensée traditionnelle, élevée, platonisante, la technique sans âme de notre époque apparaît bien entendu profane, tandis que pour la conscience technicisée et « éclairée », c'est précisément la tradition platonicienne de la contemplation mystique — que l'on associait, notamment à l'époque de la conception du *Carré Noir*, à la théosophie et à d'autres courants occultes — qui est profane, rétrograde et non pertinente. Par conséquent, le *Carré Noir* de Malevitch est ouvert aux interprétations les plus diverses, selon la perspective culturelle d'où on le considère. Cependant, toutes ces interprétations ne sont pas arbitraires, car elles réagissent à une opération novatrice déterminée, et donc interprétable, que Malevitch a lui-même réalisée dans son travail. Par là, son tableau révèle les mêmes couches de valorisé et de non valorisé, et la même tension entre elles que les readymades de Duchamp.

À l'époque de l'avant-garde classique, c'est peut-être Kandinsky qui a le plus radicalement défini l'art comme manifestation directe de la réalité occulte. Pour Kandinsky, ses propres tableaux se réfèrent en effet aux différents états spirituels et les expriment de manière immédiate — et pourtant, on peut manifestement tenir aussi bien ces tableaux pour un entassement de taches de couleur, dépourvu de sens et contingent[32]. Or, la seconde lecture ne contredit nullement la première : si Kandinsky n'avait aspiré qu'à peindre l'*Einfühlung*, rien n'aurait réellement pu l'empêcher d'user de moyens tout à fait traditionnels et conventionnels, qu'on avait déjà utilisés à cette fin avant lui et avec succès. Mais pour Kandinsky, l'abstraction ne signifiait pas seulement un moyen de plus pour restituer l'originalité personnelle de son propre monde intérieur ; c'était également la possibilité d'intégrer à la tradition des combinaisons, sur des toiles, de couleurs et de formes contingentes, non motivées du point de vue mimétique, des combinaisons qui auparavant auraient relevé de l'espace profane, et que l'on aurait jugées et jetées à la poubelle comme des chiffons couverts de taches. Seule cette innovation rend intéressante l'individualité authentique de Kandinsky, en tant qu'elle est celle d'un homme vivant, et non l'inverse. On ne peut donc expliquer la stratégie novatrice de Kandinsky par son individualité créatrice, qui, sans ce procédé novateur, n'aurait éveillé aucune attention et serait demeurée dans le domaine de l'intérêt privé — possibilité que Kandinsky mentionne lui-même au début de son essai *Du spirituel dans l'art*[33]. Opposer, comme on le fait sans cesse, à l'esthétique du readymade une esthétique apparemment alternative, expressionniste, une esthétique de la volonté d'expression, se révèle donc peu convaincant dans la pratique. Au contraire, c'est l'esthétique du readymade qui, seule, met pour la première fois clairement en évidence les véritables composants novateurs de l'esthétique expressionniste[34].

On peut déjà observer des stratégies novatrices analogues dans l'art des impressionnistes. Ceux-ci associèrent la rénovation, c'est-à-dire la profanation des motifs picturaux à une conception nouvelle, c'est-à-dire profane, des surfaces colorées et de l'illusion visuelle. Parmi les impressionnistes, c'est chez Édouard Manet que le renvoi à la tradition se laisse le plus clairement reconnaître. Cependant, la logique propre à l'économie culturelle de l'innovation avait déjà déterminé l'évolution de l'art européen avant même que n'ait commencé l'histoire de l'art moderne proprement dit. C'est au moins depuis la Renaissance que l'espace sacré de l'histoire biblique a été identifié de plus en plus étroitement à l'espace naturel et profane. Et plus tôt encore, dans l'art chrétien du Moyen Âge, étaient apparus des procédés artistiques compliqués visant à mettre sur le même plan le Dieu invisible de la Révélation et les divinités visibles de la tradition hellénique, dont chacune pouvait être considérée comme profane du point de vue de l'autre. Par conséquent, la fonction de l'œuvre d'art comme lieu où la tradition valorisée est mise sur le même plan que les choses profanes du monde, ne caractérise pas seulement l'esthétique du readymade ou celle de l'avant-garde historique en général, elle détermine aussi toute la dynamique de la tradition artistique européenne. Puisque cela s'applique aussi à la littérature européenne et à d'autres genres artistiques européens, on peut considérer le mécanisme novateur décrit ici comme la force motrice de la culture européenne dans son ensemble.

Ainsi se révèlent dans toute œuvre d'art une couche valorisée et une couche profane, qui entretiennent un rapport inextricable et échangent même à l'occasion leurs places respectives, lorsque se modifie la perspective culturelle selon laquelle on considère l'œuvre d'art concernée. Cependant, à aucun moment, ces deux couches ne se confondent en une seule ni ne constituent une authentique synthèse. À aucun moment, l'art ne dépasse les oppositions axiologiques, que ce soit dans la réalité qui lui est extérieure ou dans sa propre structure interne. À aucun moment, on n'accède à la « nature spiritualisée », à l'« esprit incarné », à l'« apparition de l'invisible », à la « forme autonome » ou au « geste purement expressif ». L'œuvre d'art novatrice a une fonction médiatrice entre la mémoire culturelle valorisée et l'espace profane ; mais elle ne peut les commander ni les dominer en tant qu'expression d'une autorité supérieure. Elle ne peut pas non plus les représenter complètement, puisqu'elle est elle-même par nature scindée et qu'elle ne peut en elle-même atteindre à l'unité.

L'origine d'une œuvre d'art novatrice ne se trouve pas non plus dans la rébellion contre la tradition culturelle et dans la volonté d'en arriver aux choses mêmes, mais dans la logique propre à l'économie culturelle qui régit la culture et qui s'exprime sous la forme d'une combinaison stratégique d'adaptation positive et d'adaptation négative à la tradition — visant à engendrer le signifiant du présent. Une œuvre d'art entièrement réalisée selon des modèle culturels ne continue pas dans le présent et dans le futur la tradition valorisée, et celle-ci la rejette comme épigonale. La tradition valorisée exige elle-même l'originalité, le profane et l'innovation. Dès lors, l'espace profane n'est pas non plus susceptible d'être représenté par l'art novateur, puisque toute œuvre d'art, par le seul fait qu'elle place les choses profanes dans une relation d'opposition avec la tradition valorisée, se coupe radicalement de l'espace profane comme tel.

En s'appuyant avant tout sur l'expérience de l'avant-garde historique russe, certains théoriciens du formalisme russe, tels que Victor Chklovski ou Youri Tynianov, ont présenté une théorie générale de l'évolution historique de la culture comme combat entre les genres et les styles supérieurs et inférieurs[35]. Selon cette théorie, les « genres inférieurs » de la culture succèdent aux « genres supérieurs » lorsque ces derniers perdent leur charme, deviennent ennuyeux, s'usent et deviennent ainsi « automatisés ». Les « genres inférieurs » prennent alors leur place et affinent, mobilisent, « dés-automatisent » la perception. Jadis, Michael Bakhtine a critiqué à juste titre cette théorie formaliste en lui reprochant sa conception hédoniste de l'art, qui fait dépendre ce dernier uniquement de l'intensité de l'expérience esthétique[36].

Mais lorsqu'il s'agit de les juger, ce qui compte plus encore, c'est que les genres inférieurs ou les choses profanes ne sont en eux-mêmes jamais canonisés par la culture. Sont valorisées ou plus précisément canonisées les œuvres d'art ou les théories qui rattachent ces choses à la tradition, mais qui, précisément pour cette raison, se distinguent tout autant de ces dernières que de la tradition elle-même. Il en va de même dans le domaine politique. Lorsque le marxisme valorisait le prolétariat, cela ne voulait pas dire que le prolétariat lui-même, dans sa signification sociale, se trouvait élevé. De la signification, c'est bien plutôt le marxisme et le parti communiste qui en acquéraient, en tant qu'outils théoriques et pratiques ayant pour but de valoriser le prolétariat. Et lorsque Freud valorisait le rêve et la folie, cela ne signifiait pas que les dormeurs ou les fous eussent acquis un statut social élevé, mais seulement que la psychanalyse avait gagné un tel statut.

Pour être admise à figurer dans les archives, l'œuvre d'art ou la théorie doit donc créer la tension entre la valeur culturelle la plus élevée et l'objet le plus profane, celui-là même auquel cette valeur est attribuée. Pareille œuvre manifeste de la manière la plus radicale la possibilité d'embrasser du regard la totalité de la situation culturelle, en même temps que le risque extrêmement élevé qui s'y attache. Par conséquent, l'œuvre d'art ou le discours théorique où la tradition valorisée et l'espace profane sont placés dans un rapport réciproque et se distinguent aussi bien de la tradition que des choses profanes. En ce sens, de telles œuvres sont réellement nouvelles par rapport à la totalité de ce qui existait auparavant. Ce qui n'implique pas qu'elles permettent de découvrir, de voir, d'exprimer, de créer quelque chose de nouveau qui n'existait pas auparavant. Cependant, la transvaluation de la valeur de ce qui existe déjà crée une situation entièrement nouvelle, à partir de laquelle il est possible, comme d'une position extérieure, de considérer, de décrire et de commenter la totalité de la culture. Bien entendu, l'extériorité de cette position dépend de la radicalité avec laquelle a été accompli la transvaluation des valeurs, et elle n'est donc jamais absolue. Le nouveau en tant que transgression définitive ou synthèse dépassant complètement toutes les limites axiologiques, se révèle impossible. Mais serait-il possible qu'il ne serait que le point de départ d'une nouvelle hiérarchie axiologique absolue.

Le contre-argument écologique

Du reste, le constat qu'il est impossible de dépasser définitivement l'inégalité hiérarchique par une synthèse créatrice, ne rencontre plus à notre époque d'opposition particulière. Et pourtant, c'est justement aujourd'hui qu'est répandue la conviction selon laquelle le nouveau est devenu impossible, sous le prétexte qu'entre-temps, les limites hiérarchiques se seraient effacées d'elles-mêmes — sans aucun dépassement créateur. Notre époque est précisément décrite comme une époque d'égalité pluraliste totale, c'est-à-dire d'égalité dans l'altérité, excluant toute distinction axiologique. Selon cette conception, la limite entre la culture valorisée et l'espace profane s'est dissoute dans une infinité de différences partielles et non hiérarchiques[37]. Cette conception n'est pas même ébranlée par le fait, pourtant manifeste, qu'une grande partie de ce qui est aujourd'hui produit sous le nom de culture sombre dans la masse, est considéré comme trivial, et n'a aucune chance d'entrer au musée ou dans le champ visuel des institutions culturelles, ni d'être pris en considération par les mass-media.

Pourtant, c'est un fait que la culture valorisée est constamment et de plus en plus centralisée et institutionnalisée. Aujourd'hui, on peut rencontrer les mêmes noms partout dans le monde, dans les musées, dans les symposiums ou dans les salles de concert. L'inégalité factuelle dans la culture, qui s'accompagne de l'entrelacement à l'échelle mondiale de l'archivage et de la diffusion médiatique, s'accroît sans cesse. En même temps, de nombreux théoriciens décrivent — que ce soit sur un ton approbateur ou désapprobateur — la culture d'aujourd'hui comme égalitaire, purement pluraliste et arbitraire. Il n'est guère possible de s'imaginer une contradiction plus étrange. En général, ce genre de fossé entre l'image manifeste qu'offre la réalité et sa description théorique apparaît lorsqu'un auteur est tellement envoûté par un unique argument théorique qu'il en tire aveuglément toutes les conclusions possibles.

Les descriptions théoriques actuelles de la culture se fondent sur un argument écologique, que l'on doit ici comprendre au sens large. Bien entendu, il ne s'agit pas ici d'un amour sentimental pour la nature vierge, mais plutôt de l'idée que l'espace profane aurait disparu, ou tout au moins qu'il disparaîtrait peu à peu, sous la pression de la culture valorisée. Même si autrefois, on concevait le nouveau comme dépassement du fossé entre la culture et l'espace profane et comme manifestation du principe les transcendant tous deux, le fait est que l'on recherchait toujours ce principe du côté du profane plutôt que dans la culture. L'être, la pensée, la réalité, la vie, l'inconscient, le langage — tous ces concepts font appel à quelque chose d'autre que la culture, à quelque chose qui se situe au-delà de la culture, et par conséquent à quelque chose de profane.

À son époque, Platon critiqua les sophistes et la grande tradition de la poésie grecque en se référant au sens commun et à la compréhension profane du savoir, du bien et du vrai. Selon lui, cette compréhension n'exigeait qu'un supplément d'élucidation et de description de son sens, c'est-à-dire, une fois encore, d'être valorisée sur le plan de la tradition culturelle critiquée. Les Lumières reprirent l'appel au sens commun, la psychanalyse s'occupe de la pathologie de la vie quotidienne, le structuralisme et Wittgenstein s'intéressent à l'état normal propre à cette dernière. L'art moderne fait sans cesse appel à la vie comme source même de la création — comme contrepoids à la tradition. Si néanmoins on accepte la tradition, c'est uniquement dans la mesure où il est possible de la tenir pour l'expression de la vie à une autre époque. Ainsi, en matière d'innovation, tous les espoirs se dirigeaient vers l'espace profane gigantesque, infini, et se portaient sur les forces qui le parcourent. On pensait qu'il engloutirait dans un avenir très proche l'îlot de la culture privilégiée et traditionnelle — îlot limité, protégé seulement par des conventions et par des normes anciennes et affaiblies, construit de manière artificielle —, et qu'alors commencerait une nouvelle époque, celle de l'égalité universelle.

En réalité, c'est tout autre chose qui arriva : grâce à la technique, à l'enseignement centralisé et aux mass-media, la culture normative commença à se diffuser très rapidement dans l'espace profane qui l'environnait. L'égalité à laquelle on aspirait survint donc pour ainsi dire contre la volonté de la philosophie et de l'art — non pas parce que la tradition régnante se trouva dépassée et remplacée par le savoir profane caché, mais du fait de l'expansion culturelle, qui poursuivait des buts opposés. De là provient également le sentiment post-moderne que l'utopie n'est plus possible parce qu'elle s'est déjà réalisée d'une autre manière, même pas anti-utopique, mais a-utopique. Ce n'est pas la culture qui a cessé d'exister, mais le profane qui a disparu. Ce n'est pas la culture qui s'est révélée être une île de privilèges gardés par le pouvoir en place, mais le profane qui a exigé d'être protégé. L'expression de « protection de l'environnement » est en elle-même extrêmement paradoxale. On ne peut pas protéger ce qui environne, mais seulement ce qui est environné. De plus en plus, le profane est conçu comme une île dans la mer de la culture, qu'il s'agit de protéger contre les flots déferlants de cette dernière. Cette disparition progressive du profane est constatée par une large conscience écologique. Mais puisque, selon une conception largement répandue, seul l'espace profane peut être source de ce qui est créatif, on conclut de son absorption par la culture qu'à présent toute innovation doit cesser.

Récemment encore, il suffisait, semblait-il, de sortir un peu des limites de la culture privilégiée et de rompre ses tabous pour se retrouver dans l'espace exotique, novateur, du pauvre, de l'Autre, du non-civilisé, du marginal et du primitif, qu'on pourrait ensuite réutiliser sans difficultés dans le contexte culturel[38]. Mais aujourd'hui, la représentation dominante est au contraire que ces réserves de matières premières culturelles sont épuisées, ou du moins qu'elles s'épuisent peu à peu, de même que parallèlement s'épuisent les réserves de richesses naturelles. L'expansion culturelle actuelle a détruit l'isolement des cultures primitives ou non européennes, mais aussi le mode de vie particulier des couches de la population européenne qui auparavant étaient partiellement isolées des valeurs culturelles dominantes. Par conséquent, conclut l'argument écologique, il n'existe plus rien en dehors de la culture valorisée[39]. S'il en est réellement ainsi, l'innovation, telle qu'elle apparaît selon le modèle décrit ici, devrait également trouver une fin. Car s'il n'existe plus de limite entre la culture valorisée et l'espace profane, toute espèce d'opération novatrice manipulant les choses autour de ces limites devient impossible. C'est pourquoi l'argument écologique post-utopique doit être examiné de façon méticuleuse. En substance, il attribue à la propagation naturelle de la culture ce qu'aucune des tentatives entreprises dans la direction opposée n'est parvenue à faire ; il affirme que l'utopie s'est pour ainsi dire réalisée d'elle-même et que la limite entre la culture et la réalité s'est effacée[40].

L'argumentation écologique dispose d'une double explication pour rendre compte de l'effacement de la frontière entre le valorisé et le profane. Selon la première, l'accroissement de la tolérance et des convictions libérales et démocratiques a conduit au point où tout profane a été peu à peu intégré à la mémoire culturelle : tous les tabous sont détruits, tous les domaines du refoulé, de l'anodin, du dissimulé, sont élucidés, tous les critères répressifs et toutes les normes répressives sont anéantis. Par conséquent, l'espace profane est désormais entièrement absorbé par la culture valorisée, ses ressources sont épuisées, son originalité est déjà exploitée et neutralisée, et sa primitivité originelle est assimilée par la culture. Le nouveau a désormais cessé d'être possible, parce que la limite entre le culturel et le profane n'est plus comme autrefois garantie par la répression sociale et par la censure normative.

Dans sa première version, le problème écologique de la culture actuelle se présente donc comme celui de l'épuisement de ses ressources profanes.

La seconde interprétation de la crise écologique de notre culture, qui n'exclut pas la première, consiste à dire que dans la modernité, la culture valorisée s'est propagée grâce aux médias actuels dans l'espace profane et l'a par là même évincé. Elle l'a réduit à néant et a éliminé toute l'originalité potentielle et toute la productivité culturelle qu'il recélait. Ici, ce qui est en question n'est plus la tolérance de la culture valorisée et privilégiée, mais son agressivité accrue. La culture valorisée ne s'est pas contenté d'épuiser les ressources de l'espace profane ; elle a également rempli cet espace de ses propres productions et l'a ainsi pollué de manière radicale et irréversible. Puisque la réalité profane tout entière est ainsi esthétisée, stylisée et modelée selon le modèle des représentations culturelles dominantes, il est devenu aujourd'hui impossible de parler du profane en soi. Dans la situation culturelle actuelle, le profane est bien plutôt devenu une sorte de simulacre de son propre caractère profane ; ou encore, pour reprendre un terme de Baudrillard, il est devenu hyper-réel[41].

En d'autres termes, se référer au profane comme au novateur et à l'authentique ne fait aujourd'hui office, dans la culture, que de truc publicitaire, de moyen pour relever le statut culturel d'une chose donnée[42]. Dans la crise écologique, le profane acquiert, en un sens, une valeur encore plus élevée que le culturel — parce qu'il est plus rare que lui. Dès lors, quand la culture fait passer des objets culturels pour profanes, ce n'est plus qu'elle assimile le profane, c'est bien plutôt qu'elle le simule. Ainsi, par exemple, les agences touristiques vantent-elles des hôtels de luxe flambant neufs en les décrivant comme des îles d'une nature sauvage et vierge.

Si ces deux arguments sont exacts — ou même un seul d'entre eux —, on pourrait réellement dire que ce n'est pas seulement la créativité selon la conception romantique qui est devenue impossible à notre époque, mais également l'innovation interprétée du point de vue du ready-made. Nous devons donc considérer de plus près ces arguments et les examiner l'un après l'autre.

Disparition du profane

Tournons-nous d'abord vers l'argument qui souligne la nature libérale, tolérante et démocratique de la culture actuelle. Cet argument présuppose qu'à notre époque, n'importe quelle chose profane peut accéder à n'importe quel niveau de la culture privilégiée et valorisée, qu'il lui suffit pour cela de représenter quelque chose de différent, mais rien de nouveau, c'est-à-dire rien qui soit séparé de la tradition par la limite axiologique. Cependant, comme on l'a montré plus haut, ce n'est pas sous leur forme originelle que les choses et les signes de l'espace profane parviennent dans la mémoire culturelle. Dès qu'ils sont admis dans le discours théorique ou dans l'œuvre d'art, ils sont confrontés en même temps que rattachés à la tradition valorisée et à ses valeurs. Cependant, les équivalences axiologiques entre eux et les valeurs culturelles antérieures sont établies sur la base de certaines caractéristiques, qui sont susceptibles d'effacer complètement d'autres caractéristiques.

Par exemple, lorsque les cubistes français valorisèrent dans leur art les masques africains, ils leur ôtèrent la fonction sacrée qui leur appartenait originellement. Du même coup, cette dernière tombait en dehors de la culture valorisée, et en fut ignorée. Plus tard, chez les surréalistes ou chez les ethnographes qui en étaient proches, ces masques acquirent une signification quelque peu différente, puisqu'alors l'intérêt se portait plutôt sur leur rôle sacré que sur leur forme pure. Mais en même temps, les surréalistes placèrent les masques africains dans le contexte d'une théorie du désir, qui n'avait quant à elle que peu à voir avec le rôle sacré que ces masques avaient à l'origine dans leur contexte culturel propre. Toutes les autres interprétations européennes des objets sacrés qui furent empruntés à d'autres cultures laissèrent également échapper quelque chose d'essentiel.

Toute valorisation de choses et de signes profanes est d'abord déterminée par la tradition valorisante elle-même. Car celle-ci valorise d'emblée le profane comme l'Autre au sens de l'adaptation négative à son égard — et la détermination de ce qui est autre dépend de façon décisive de la manière dont la tradition culturelle se comprend elle-même. Le profane commence en effet par être purifié de tout ce qui est conçu comme ne s'opposant pas à la culture dotée de valeur ; par là même, il devient un artefact culturel. Ainsi, les mêmes masques africains peuvent être comparés à la tradition purement formelle de la statuaire européenne valorisée, au type psychologique de l'Européen cultivé, ou encore à un *ethos* religieux ayant son origine dans le christianisme hellénisé. Le fait que, dans une perspective européenne, les masques sacrés africains soient associés à des états de l'âme qui, dans la tradition chrétienne, sont plutôt en contradiction avec le pôle positif du sacré a joué un rôle décisif dans la manière dont ils furent reçus[43]. Que les masques africains aient déjà été valorisés à plusieurs reprises au sein de la culture européenne et qu'ils y aient été tolérés du fait de la libéralisation religieuse ne signifie pourtant nullement qu'ils n'ont pas conservé le caractère sacré qui leur est propre en dehors d'elle, ni qu'ils ne pourraient pas être revalorisés à l'avenir sous un autre rapport.

Aucune valorisation du profane n'anéantit définitivement son caractère profane ; encore moins efface-t-elle la limite entre la tradition valorisée et les choses profanes. Toute valorisation est toujours en même temps une interprétation, et toute interprétation modifie le profane, car elle le place dans un système de référence qui lui est originellement étranger. Les difficiles questions ayant trait à l'interprétation, à sa possibilité, à sa finitude ou à son infinité, sont célèbres ; mais elles ne sont pas le cœur du problème. Plus important est le fait que tout objet profane a une valeur déterminée dans son propre espace profane. Ce peut être une valeur culturelle d'une autre culture. Ce peut être la valeur de la nécessité vitale pure et simple dans une situation donnée de la vie quotidienne. Cependant, la valorisation de choses et de signes profanes dans une tradition culturelle déterminée présuppose que c'est d'abord de cette dernière et dans son contexte que les choses profanes reçoivent leur valeur. Si les objets profanes ont une valeur dans un autre contexte, quel qu'il soit, ces objets, ou plus précisément l'ensemble de leur contexte propre, commence par y être dévalorisé, afin de pouvoir ensuite être revalorisé au sein du système de la mémoire culturelle.

La mentalité tolérante, libérale, démocratique, de la culture de notre époque, qui accorde une place équitable à toutes les pratiques idéologiques ou culturelles possibles, peut donner l'impression de n'imposer des limites qu'à leur prétention à l'exclusivité et à l'hégémonie, en quoi elle laisserait intact le contenu idéal et esthétique de ces pratiques. Cependant, la prétention à l'exclusivité et à l'hégémonie, c'est-à-dire l'affirmation de sa propre « sur-valeur » (Über-Wert), n'est pour aucune idéologie ni pour aucun art une chose purement extérieure, qui se laisserait mettre de côté pendant qu'on apprendrait à les connaître et à les comprendre. La prétention axiologique (Wertanspruch) d'une pratique artistique donnée est bien plutôt constitutive de son contenu propre. Au fond, nombre de thèses philosophiques et de phénomènes artistiques n'acquièrent un sens que lorsqu'ils prétendent à l'exclusivité et à l'universalité. Dans une large mesure, le combat profane pour l'exclusivité, pour le pouvoir, l'influence et le prestige marque de son empreinte le contenu théorique ou artistique des mouvements culturels. Il arrive très souvent que ces derniers n'adoptent certaines positions théoriques ou esthétiques que parce qu'elles leur assurent la supériorité tactique dans ce combat[44].

Si, par la suite, ces mouvements culturels réussissent dans le contexte du droit libéral, du musée ou de la bibliothèque et sont désormais conservés et étudiés comme des phénomènes culturels parmi d'autres, cela signifie qu'ils ont perdu leur combat et qu'ils se sont par conséquent montrés infidèles à leur propre nature, sous le rapport qui est pour eux le plus important. Le fait que ces mouvements culturels soient étudiés non pas comme des phénomènes neutres, mais du point de vue d'une théorie du pouvoir déterminée, ne change rien à cette situation[45]. En eux-mêmes et pour eux-mêmes, ils ne veulent pas être objet d'étude, mais constituer un point de départ ; et ils prennent une nature totalement différente lorsqu'ils se voient privés de cette prétention fondamentale. Tout à fait claire, par exemple, est la différence entre la tolérance dont fait preuve la culture européenne envers les masques africains et les cultes religieux qui s'y rapportent et la tolérance que des chefs de tribus ou des sorciers africains pourraient éventuellement présenter comme les symboles du christianisme européen. Lorsqu'un principe culturel renonce à l'exclusivité, à l'universalité et au pouvoir, c'est au fond lui-même qu'il abandonne. Aucune valorisation culturelle n'épuise le profane pour la seule raison qu'elle ne peut intégrer la prétention du profane au pouvoir.

Du reste, si le profane revendique un pouvoir qui soit indépendant de la tradition culturelle, ce n'est pas sans rapport avec le mécanisme par lequel les choses profanes sont valorisées, puisque c'est précisément cette revendication qui représente pour la culture la tentation permanente de transcender ses propres hiérarchies axiologiques. Dans la culture elle-même s'élèvent toujours à nouveau des voix disant que toute la culture n'est que duperie, convention et illusion, et qu'il conviendrait de se consacrer au réel, à l'occulte, au vivant, c'est-à-dire au profane. Par conséquent, ce qui joue ici un rôle central, ce n'est pas seulement la promesse, inhérente au profane, d'une autre forme, d'une autre parole ou d'un autre mode de vie ; ce qui est ici décisif, c'est la promesse d'une puissance, d'une force, d'une universalité et d'une exclusivité différentes. Cette promesse d'une force et d'un pouvoir accrus incite l'homme de culture à se tourner vers les choses profanes comme vers les signes et les instruments des forces magiques qui se dissimulent dans le profane. Toutes les théories et tous les mouvements artistiques qui entendent être l'expression immédiate du profane et représenter l'extra-culturel « tel qu'il est réellement », font dériver des forces magiques du profane leur prétention à exercer un pouvoir sur la culture. Lorsque l'art ou le discours théorique citent des objets provenant d'autres cultures ou des choses de la vie profane, ils le font aussi parce qu'ils désirent s'approprier leur force magique. La synthèse de la culture et du profane est également celle du savoir et du pouvoir, qui ne réussit jamais entièrement.

Cependant, le profane élevé au niveau de la culture perd sa force extra-culturelle à l'instant même de sa valorisation culturelle. Il ne constitue donc plus une menace réelle pour la culture ; au contraire, il s'intègre à elle et est ainsi neutralisé. La figure du dépassement, de l'achèvement et de la dévalorisation de la culture traditionnelle par les moyens de la théorie ou de l'art — motif qui détermine de manière continue la dynamique culturelle de la modernité — reproduit pour ainsi dire symboliquement la menace que font peser sur la culture les forces profanes, c'est-à-dire la menace de la destruction réelle et profane de la totalité de ses archives, de ses monuments, de ses coutumes, de ses rituels et de ses formes. Faire appel à la nature, au peuple, à la raison, à la vie, au désir, à la classe ou à la race, ou tout simplement à l'Autre, présuppose toujours quelque chose qui se situe à l'extérieur de la culture et qui est susceptible de la détruire entièrement. Mais en même temps, cet appel se maintient en permanence à l'intérieur de la culture, même s'il provoque en elle des innovations. On pourrait dire que les mouvements d'idéologie nihiliste et universaliste de la modernité, en dépit de leurs attaques parfois extrêmement violentes contre la culture, font fonction de rituels conjuratoires accomplissant symboliquement la destruction totale de la culture, afin de dompter celle-ci et, en fin de compte, de lui échapper[46].

Un exemple typique de cette attitude est constitué par le collage dans sa version agressive, avant-gardiste — cubiste ou dadaïste. La représentation d'objets culturels découpés, brisés, mutilés, ou bien celle où des objets de l'art traditionnellement valorisé sont symboliquement souillés — comme la *Mona Lisa*, à laquelle des moustaches ont été apposées, et l'inscription obscène dans le tableau de Duchamp — rappellent fortement les pratiques de la magie noire, qui sont censées tuer l'esprit de la culture par diverses blessures symboliques infligées à ses incarnations extérieures. Mais aujourd'hui, on conçoit plutôt ces opérations magiques comme des rituels permettant d'intégrer les formes profanes engendrées par la civilisation de masse technicisée au contexte culturel traditionnel, et donc comme une sorte de conjuration des esprits malfaisants que cette civilisation a appelés.

Ainsi, la valorisation de choses profanes dans la culture ne leur confère une égalité et un statut axiologique que selon un rapport bien déterminé, structuré par les mécanismes de la mémoire culturelle. Le caractère profane de ces choses et la menace qu'elles impliquent restent continuellement à l'extérieur de la culture et sont donc toujours susceptibles d'être réactivés selon de nouvelles relations et de nouveaux rapports. Aucune valorisation du profane ne « cultive » complètement ce dernier et n'exclut la possibilité qu'il soit à l'avenir revalorisé de manière novatrice. Les choses profanes sont d'autant plus bloquées qu'elles parviennent à être représentées dans la mémoire culturelle. De nombreuses personnes qui se rendent dans les musées pour voir de l'art contemporain et n'y trouvent que des chiffons couverts de taches, des épaves d'automobiles ou des vasques d'urinoir retournées, voient dans ce spectacle la preuve de l'extrême démocratisation de l'art. « J'aurais pu en faire autant, et même un gosse aurait pu le faire », ont-ils alors coutume de dire.

Mais en réalité, l'introduction de certains objets profanes dans le contexte de la mémoire culturelle rend difficile d'en faire un autre usage culturel. Aucun musée n'a besoin d'une autre vasque d'urinoir retournée s'il en possède déjà une. Si l'on veut réintroduire une chose profane dans la tradition valorisée, on doit commencer par montrer la réalité de son caractère profane, c'est-à-dire ce qui la différencie de toutes les choses qui ont été valorisées auparavant, et créer à son usage une nouvelle place dans le réseau potentiel des identifications et des différenciations. Ainsi, on peut mettre dans le musée une autre vasque d'urinoir retournée, pour peu que l'on veuille par exemple la mettre explicitement en rapport avec l'urinoir de Duchamp, développer une nouvelle théorie de l'appropriation, concevoir le manque d'originalité comme une marque particulière d'originalité, et justifier l'épigonalisme en tant que forme particulière du créatif[47].

Dès lors, aucune innovation qui se fixe pour but de mettre sur le même plan la tradition valorisée et l'espace profane, de transvaluer les valeurs ou de libéraliser, plus exactement de démocratiser la culture, ne conduit à supprimer les différences hiérarchiques entre le niveau culturel et le niveau profane. Au contraire, ces différences n'en sont que davantage stabilisées. La tolérance n'efface pas la limite entre les valeurs culturelles et l'espace profane ; elle la trace encore plus nettement, elle conteste toutes les exigences du profane à l'exclusivité, à l'universalité et au pouvoir, exigences qui constituent sa nature profane même. Cependant, la tentation qui est inhérente au profane ne peut être définitivement écartée et domptée par la culture. Tout élément profane intégré à la culture rappelle son passé sauvage, profane, libre, lorsque des prétentions illimitées, absolues, intolérantes, destructrices et totales, pouvaient encore être élevées sans gêne. Ce reste de profane ne peut entrer dans aucune synthèse culturelle définitive, et est donc susceptible d'être réactivé à tout moment. Mais le profane et ses tentations n'ont pas nécessairement à être cherchés en dehors des limites culturelles formelles. Le profane est également présent à l'intérieur de la culture — précisément sous la forme de valeurs culturelles qui ne coïncident pas complètement avec les places qui leur sont assignées au sein de la mémoire culturelle, et qui pour cette raison peuvent à chaque instant redevenir absolues et destructrices.

Pollution culturelle de l'espace profane

Le second argument qui nie la possibilité du nouveau affirme que l'espace profane est aujourd'hui entièrement réorganisé d'après certains modèles culturels, et qu'il a ainsi perdu toute altérité potentielle relativement à la tradition culturelle valorisée. De fait, on peut interpréter le rapport entre la tradition valorisée et l'espace profane comme une diffusion progressive de la culture dans l'espace profane — c'est ainsi que ce rapport fut souvent interprété, notamment dans la modernité —, comme un modelage des choses profanes selon le modèle des valeurs culturelles reconnues, comme un raffinement du langage familier profane, qui se trouverait rapproché de la langue valorisée et canonique de la culture[48]. L'innovation résiste constamment à ce raffinement et à cette acculturation, puisqu'elle n'entend pas modifier l'espace profane selon le modèle de la culture traditionnelle, mais l'opposer aux modèles culturels. C'est pourquoi dans les temps modernes s'éleva toujours à nouveau la crainte que l'accroissement et la diffusion de la culture normative ne finissent par étouffer l'espace profane tout entier et par empêcher toute créativité culturelle. Depuis la seconde moitié du dix-neuvième siècle, les innovations techniques offraient à la culture traditionnelle des possibilités jusqu'alors insoupçonnées de diffusion de masse, ce qui eut pour effet de réalimenter ces craintes[49].

Cependant, ni l'appréciation optimiste et éclairée ni l'appréciation pessimiste et conservatrice de la diffusion massive des productions culturelles ne tinrent compte du fait suivant : des valeurs culturelles qui sont parvenues dans l'espace profane cessent d'être des valeurs, pour devenir profanes. Inversement, des objets profanes qui sont arrivés dans le contexte culturel gagnent en valeur, mais perdent leur caractère profane et par là même leur réalité, leur vitalité et leur force, ainsi que leur mystère et leur pouvoir. Ainsi, des choses culturelles dotées de valeur, lorsqu'elles parviennent dans la conscience de la masse ou dans la production en série, perdent en même temps leur place spécifique dans le contexte culturel valorisé, laquelle détermine fondamentalement leur valeur[50]. Des idées, des formes artistiques, des modes de pensée, des rituels de la vie culturelle ou des convictions idéologiques redeviennent complètement sauvages et profanes dès lors qu'ils sortent du contexte culturel valorisé, qu'ils perdent leur place spécifique dans le réseau compliqué de la mémoire culturelle et qu'ils se retrouvent en dehors du système des identifications et des différenciations culturelles. Ils perdent leur forme et leur sens originels. Pareils à une épidémie, ils commencent à se propager librement dans un environnement qui n'est pas immunisé contre eux et à le modifier. C'est ainsi qu'autrefois, des religions telles que le christianisme, l'islam ou le bouddhisme se sont propagées — à une époque plus récente, c'était le marxisme — et qu'elles se sont à cette occasion modifiées jusqu'à en devenir méconnaissables. Faute de disposer d'une place déterminée dans le contexte culturel, et directement confrontée à l'espace profane comme à la « vérité », toute valeur perd l'identité qui lui est garantie par sa conservation dans les archives.

Walter Benjamin a tenté de montrer que par sa diffusion massive, l'œuvre d'art perd sa place spécifique dans l'espace culturel, et donc également son aura, qui constitue au fond son charme essentiel. Cependant, Benjamin interprète le rattachement des choses culturelles à une place donnée de manière plutôt géographique — comme leur présence réelle et unique, dans un espace déterminé[51]. Beaucoup plus importante pour l'œuvre d'art et pour tout phénomène culturel en général est sa fixation dans l'espace spécifique de la mémoire culturelle. Toute la critique de la modernité, hostile qu'elle est au progrès, interprète la diffusion de masse non pas comme l'épiphanie de la culture traditionnelle, mais comme la production mécanique d'objets profanes, dont la ressemblance extérieure avec des valeurs culturelles ne fait que dissimuler la différence fondamentale qui existe entre eux.

À première vue, cette critique de la culture de masse peut paraître élitiste et non démocratique. Pourtant, il est caractéristique que ce soit précisément elle qui permette à des phénomènes particuliers de la culture de masse de réacquérir un statut culturel valorisé, désormais en tant que choses profanes. Lorsque des valeurs culturelles ont été profanées pendant un certain temps dans la culture de masse, elles peuvent être revalorisées, dès que leur caractère profane atteint un certain degré — et en tant que nouvelles valeurs culturelles, elles peuvent être comparées à leurs anciens modèles. C'est précisément la compréhension négative de la culture de masse, celle qui la conçoit comme du kitsch et comme une sorte de déchet esthétique de la civilisation, qui ouvre la voie à l'esthétisation et à la valorisation de la culture de masse dans le système de la mémoire culturelle. Décrire les plagiats extra-culturels de la grande culture comme absurdes, ridicules, inutiles, affreux, triviaux, plats ou provinciaux ne fait précisément qu'ouvrir la possibilité d'esthétiser ces caractéristiques qui sont les leurs[52].

Ainsi, l'attitude de distance critique par rapport à la culture de masse adoptée en son temps par le pop art constituait le présupposé de son intégration dans la tradition culturelle. Cette intégration n'aurait pas été possible si la culture de masse avait passé pour réellement détentrice de valeur. Dès le début de l'avant-garde européenne, les artistes utilisaient avant tout les éléments de la civilisation de leur époque qui étaient le plus éloignés de la culture valorisée. Lorsque l'avant-garde historique utilise des objets culturels valorisés tels que la *Mona Lisa* ou un violon, elle commence par les profaner, les vaincre et les détruire, pour ensuite les esthétiser à nouveau. En revanche, l'art actuel utilise les choses de la culture de masse sous une forme presque intacte. À la suite de la longue et opiniâtre critique exercée à son encontre, la culture de masse est à présent ressentie d'avance comme profane. Par exemple, lorsque Jeff Koons reproduit des formes artistiques triviales ou ayant toutes les caractéristiques du kitsch dans un matériau doté de valeur, particulièrement résistant, il peut parfaitement s'attendre à ce qu'au moins une partie de son public ne voie pas ces formes comme réellement dotées de valeur et belles, et saisisse l'ironie qui s'y trouve. Ce public saisira également le problème de la non-mutilation durable, qui se pose ici dans toute son acuité, puisque dans le contexte « normal » de la culture actuelle, ce genre de formes apparentées au kitsch sont vouées à la destruction. C'est justement pour cette raison que leur reproduction dans des matériaux coûteux et résistants peut valoir comme métaphore pertinente pour la peur qu'éprouve toute culture de disparaître complètement et de sombrer dans l'oubli[53].

De même, lorsque Mike Bildo copie Picasso dans le cadre de l'esthétique appropriationniste et qu'il expose ces copies comme ses propres originaux, on peut dire bien entendu que les copies, qui relèvent normalement de l'espace profane, sont ici valorisées en tant que telles. Cependant, non moins important est le fait qu'il suffit — du fait même de sa diffusion massive — de citer directement le culte entretenu autour de Picasso pour s'apercevoir qu'il s'agit ici d'un niveau de culture déjà profané[54]. Lorsque les artistes actuels utilisent pour leurs appropriations des phénomènes artistiques qui sont moins tombés en discrédit, ils mettent simultanément en scène un jeu compliqué avec eux, afin de découvrir les niveaux profanes qu'ils contiennent. Cindy Sherman, par exemple, agit de la sorte avec l'art classique du passé, et utilise à cette fin les possibilités offertes par la photographie, qui renonce à une partie des prétentions artistiques traditionnelles[55]. Bref, étant donné que pratiquement tout l'art actuel est orienté d'une manière ou d'une autre vers l'esthétique du readymade, et se conçoit donc explicitement comme un travail accompli à l'aide des différents niveaux de la valorisation de cette dernière, les travaux artistiques d'aujourd'hui, lorsqu'ils sont réalisés avec sérieux, respectent scrupuleusement — jusque dans leur structure purement formelle — la limite entre le valorisé et le profane. Ce qui est déjà profane dans la culture est conçu comme étant intégralement citation, alors que ce qui peut être encore ressenti à l'avenir comme valeur est dévalorisé par précaution ou déconstruit à l'intérieur du travail lui-même, afin de pouvoir ensuite être revalorisé.

Ici, l'innovation est le processus opposé à la démocratisation de la culture, entendue comme la large diffusion des valeurs culturelles. L'innovation valorise précisément les aspects de l'espace profane dont ce dernier lui-même aimerait se libérer au cours de sa formation (Bildung), ceux qu'il désire dépasser et qui constituent des signes particulièrement détestés de son caractère profane. En se tournant vers le profane et en faisant des choses les plus profanes des modes nouvelles et exclusives, la conscience élitiste reproduit son œuvre élitiste sous des formes toujours nouvelles, parce qu'elle s'éloigne sans cesse de la masse cultivée et de ses normes civilisatrices. C'est là ce qui est remis en question de manière permanente par la démocratisation et par la diffusion massive de la culture valorisée. Tandis que la masse se tourne vers ce qui est reconnu comme ayant une valeur culturelle et par là même le dévalorise, la stratégie propre à l'économie culturelle consiste à compenser cette dévalorisation des valeurs culturelles par la valorisation de ce qui est dénué de valeur. C'est pourquoi la valorisation de ce qui est dénué de valeur est tout autant un signe de démocratisation de la culture que de résistance à cette démocratisation.

On reproche souvent à l'art actuel de n'être plus novateur, de se tourner sans cesse vers l'art du passé, d'être rétrospectif et de se contenter de remanier ce qui existait déjà. Naturellement, ces reproches sont loin d'être infondés ; mais on peut en dire autant de l'art de chaque époque. L'avant-garde historique se transforme en salon lorsqu'on l'utilise, comme c'est souvent le cas aujourd'hui, à des fins purement décoratives. Cependant, ce rapport avec l'art, d'emblée garanti du point de vue culturel, doit être distingué du travail à partir de tendances stylistiques antérieures qui sont déjà passées par le processus de leur profanation, pour autant que ces niveaux profanes aient été explicitement découverts. Ici, on ne peut plus parler d'une utilisation simple et non novatrice de styles anciens. En passant par le profane, ceux-ci ont également adopté les caractéristiques séductrices du profane, c'est-à-dire le charme magique, le pouvoir, la spontanéité et l'aptitude à renvoyer de manière immédiate à l'extra-culturel.

D'aucune chose, forme, langue ou coutume culturelle, on ne peut donc dire *a priori* si elle appartient à la grande culture valorisée ou à l'espace profane. Tous les phénomènes culturels fluctuent sans cesse autour de cette limite et changent de position par rapport à elle. Lorsque des modèles culturellement valorisés parviennent dans l'espace profane, ils deviennent profanes et cessent d'être des valeurs. D'autre part, lorsque des choses profanes arrivent dans la mémoire culturelle valorisée, elles cessent d'être profanes. Une fusion de la culture valorisée et de l'espace profane ne serait possible que s'il existait des critères qualitatifs ou axiologiques susceptibles de définir la valeur d'une chose donnée indépendamment de sa position présente. Mais il n'existe pas de tels critères, et il n'existe donc pas non plus en soi ni choses profanes, ni réalité ou nature, ni être ou vie, ni sens commun, pas plus que n'existent les idéaux du beau en soi.

Recyclage esthétique des déchets culturels
Ici, on doit encore une fois souligner que la question du rapport entre ce qui a une valeur culturelle et le profane se distingue clairement de la question du rapport entre la culture et la nature, ou entre la culture et la réalité. Lorsque la nature ou la réalité étaient encore considérées comme dénuées de valeur par rapport à la culture, leur élévation jusqu'à l'art ou à la théorie pouvait encore passer pour une élévation de condition. De nos jours, il existe une masse inconcevable d'art trivial, dénué de toute valeur culturelle. En même temps, il arrive souvent qu'on attribue aujourd'hui une valeur plus élevée à la nature qu'aux productions culturelles. Et institutionnellement, on prend des dispositions en vue de protéger la nature. Ainsi, si le profane était autrefois associé à la nature, à l'être ou à la réalité, qui devaient être désignés par la culture, la limite axiologique qui était auparavant définie de façon métaphysique comme la limite entre la réalité et sa représentation culturelle, se déplace sans cesse, conformément à la logique de l'économie culturelle. Ce qui autrefois était signe devient chose — et inversement.

Dès lors, la crise écologique touche bien moins le profane qu'il pourrait sembler à première vue. Le domaine du profane se renouvelle sans cesse, parce qu'il est sans cesse rempli des déchets et des détritus de la culture valorisée. Distinguer ces déchets du profane originel, « vierge », naturel, qui serait prétendument détruit et perdrait son authenticité sous l'afflux de ces déchets, est arbitraire et purement idéologique. Une décharge publique manifeste le profane, la réalité et la vie non pas moins, mais davantage que la nature vierge de l'Amazone. Ce n'est pas un hasard si le discours écologique se concentre obstinément sur le problème du déchet — alors même qu'on pourrait penser qu'il entend s'occuper de la nature vierge. C'est seulement avec l'apparition de l'écologie que le déchet culturel a acquis une position aussi importante dans la conscience collective. Mais c'est avant toute discussion écologique que les artistes du vingtième siècle, quant à eux, esthétisèrent le déchet et transformèrent sans cesse des galeries et des musées en décharges publiques. Dès l'aube de la civilisation technicisée de notre temps, ils reconnurent le potentiel profane du déchet[56].

Du reste, le déchet peut fournir un bon exemple du rôle ambivalent que joue le profane dans la culture. D'une part, une chose que l'on jette à la poubelle est au plus haut point dénuée de valeur, profane, inutile. C'est pourquoi sa valorisation dans l'art manifeste à première vue toute la force et la liberté de l'art, qui est en mesure de conférer à ce qui a hiérarchiquement le moins de valeur la signification culturelle la plus élevée. Mais d'autre part, le geste même de jeter un déchet à la poubelle renvoie à l'offrande sacrée, au renoncement à la propriété, à l'ascèse et au rituel. De ce point de vue, l'art ne s'approprie que le potentiel de sacré qui est contenu dans le geste d'abandonner une chose à l'espace, à la nature ou au néant. Dans le déchet sont donc à nouveau simultanément présentes les deux couches axiologiques. Celles-ci confèrent à son utilisation culturelle la tension nécessaire[57]. Dans cette perspective, la conscience écologique est peut-être un nouveau pas vers la sécularisation de l'homme européen, car elle inclut le déchet dans le processus du recyclage. Par là même, le déchet n'a plus du tout le caractère d'une offrande sacrée présentée à une infinité anonyme. D'autre part, la réutilisation économique du déchet est la continuation de son utilisation esthétique ou culturo-économique antérieure.

Valorisation et dévalorisation

Du reste, le déchet dans notre civilisation n'apparaît pas seulement du fait que les tentatives incessantes visant à cultiver le monde extérieur dirigent les flots de la production culturelle dans l'espace profane, où ils deviennent déchet. C'est encore pour une autre raison que l'espace profane est rempli de choses culturelles. Toute innovation suffisamment radicale réorganise la mémoire culturelle et éloigne d'elle des choses qui y étaient jusqu'alors conservées. De même qu'un ordinateur, la mémoire culturelle se partage en une mémoire morte et en une mémoire vive. Les monuments du passé sont rarement remis en question par des innovations ultérieures. Néanmoins, les mouvements culturels qui se développent parallèlement donnent souvent des résultats frappants. C'est d'abord un effet de choc sur la modernité artistique qui provoqua la rapide dévalorisation de la peinture de salon, lorsqu'elle fut à la fin du dix-neuvième siècle évincée de la mémoire historique par les travaux parallèles des peintres de l'impressionnisme et des débuts du post-impressionnisme. Il en résulta le fameux complexe de Van Gogh, qui jusqu'à aujourd'hui aiguillonne les artistes inconnus et empêche de dormir les artistes célèbres.

D'ailleurs, le complexe de Van Gogh permet également d'expliquer pourquoi la logique de l'économie culturelle n'est pas réductible à une logique de marché. En général, le succès commercial d'un artiste ou d'un théoricien laisse soupçonner que son œuvre n'est pas suffisamment novatrice, parce qu'elle a immédiatement été comprise du grand public. Ce soupçon a pour conséquence que cette œuvre n'est pas admise à figurer dans les archives culturelles, et qu'elle court dès lors le danger de perdre sa valeur avec le temps. En revanche, l'échec commercial d'une œuvre est souvent interprété comme un signe de sa vertu novatrice et de sa réception future dans le contexte de la culture valorisée. Ici, le succès commercial devient l'indice d'un échec culturel, et par là même d'un futur échec commercial — et l'échec commercial devient l'indice d'un possible succès futur. Cette situation montre que le succès commercial en tant que tel ne dit encore rien d'objectif sur la valeur culturelle d'une œuvre, et qu'il doit commencer par être interprété ; et ce genre d'interprétation est de nouveau soumis à la logique de l'économie culturelle. Ainsi, la valeur marchande n'est certes pas qualitativement distincte de la valeur culturelle ; mais elle en est séparée par un facteur temporel, qui ne se laisse jamais purement et simplement supprimer.

Pour en revenir à notre exemple, l'innovation n'était nullement étrangère à la peinture de salon du dix-neuvième siècle. Ses peintres utilisaient des styles ou des motifs exotiques, des thèmes érotiques, des atmosphères symbolistes, décadentes, ou des choses réelles profanes pour introduire de la diversité dans leurs travaux. Si un mouvement artistique plus radical n'était pas apparu parallèlement, ces innovations isolées auraient largement suffi à assurer à de nombreux peintres de salon une place stable dans l'histoire de l'art. Mais toute innovation radicale dévalorise sinon la tradition elle-même, du moins une continuation purement positive, non novatrice ou modérément novatrice de cette tradition. Après le procédé du readymade par exemple, la prétention à une activité créatrice spontanée à partir du néant paraît naïve. Même si cette prétention existe encore, dans une certaine mesure, de nos jours, les artistes actuels tentent de la contrebalancer en renvoyant au caractère tout fait, citationnel, purement intra-culturel de leurs œuvres[58]. Le rapport au spontané, au créatif, à l'immédiat, acquiert lui-même un caractère de citation, et n'est par conséquent justifié que par l'esthétique non expressive dominante. Si tel n'est pas le cas, la prétention à l'immédiateté est naïve et même mensongère, puisqu'elle ne prend pas en compte le doute qui a déjà été émis dans l'histoire quant à la possibilité de sa propre réalisation. Il est intéressant de remarquer que dans ce cas, l'immédiateté et la spontanéité irréfléchies sont moins authentiques et moins sincères que l'utilisation explicite de citations toutes prêtes et que la réflexion qu'elle suscite.

En son temps, la peinture de salon se vit accusée d'être tout à la fois mensongère, éloignée de la vie, formaliste et même pharisienne. Du point de vue psychologique, ces accusations n'étaient évidemment pas exactes. Il est indubitable que le peintre de salon croyait sincèrement à la beauté et à la signification culturelle, au sens et à l'utilité de son art. On ne peut considérer la peinture de salon comme insincère que sur l'arrière-plan de l'impressionnisme, si l'on reconnaît l'impressionnisme comme un art qui renvoie à une réalité — extérieure ou intérieure. Cependant, l'impressionnisme finissant fut lui aussi tenu pour épigonal et mensonger, alors même qu'il subsistait aux côtés des courants artistiques plus radicaux de l'époque ultérieure. De fait, la compréhension culturelle de la sincérité, de l'immédiateté, de l'authenticité, etc. — caractéristiques qui semblent être de nature psychologique — ne fait référence qu'à la place occupée par une œuvre d'art donnée dans le système diachroniquement organisé de la mémoire culturelle. Un travail qui semble tout à fait sincère s'il a été réalisé en une certaine année semble insincère s'il se révèle qu'il a été accompli plus tard. Cependant, la plupart du temps, une chronologie adéquate est établie *post factum*.

Lorsqu'on parle de la sincérité, de l'immédiateté et de l'authenticité d'une œuvre d'art, on veut dire que cette dernière renvoie à la réalité extra-culturelle, au profane et au nouveau. De nombreuses personnes interprètent ce renvoi comme la volonté subjective de l'artiste de représenter ce qui lui arrive réellement, ce en quoi il croit et ce pour quoi il vit. De là l'extrême psychologisation de nombreux discours sur l'art — notamment dans la modernité, où l'authenticité subjective est opposée à la tradition, à l'école, aux formes artistiques traditionnelles et est interprétée comme l'origine du nouveau[59]. Ceci s'applique également au discours théorique ou littéraire. Par exemple, on associe souvent le langage authentique à un langage qui ne correspond pas aux critères logiques et rhétoriques traditionnels, et qui fonctionne de manière désordonnée, inconstante, inconséquente. Cependant, les choses, les langages et les signes, de même que les habitudes de pensée et de comportement, changent souvent la position qu'ils occupent par rapport à la limite entre la culture valorisée et l'espace profane. C'est pourquoi il peut parfaitement se révéler que le langage a-logique et la peinture spontanée ont émigré déjà depuis longtemps de l'espace profane vers la culture valorisée et que, ne pouvant plus être interprétés comme des signes d'authenticité — c'est-à-dire comme renvoyant au profane, à la réalité et à la vie —, ils ne fonctionnent plus que comme des signes conventionnels de la culture valorisée.

Par conséquent, la sincérité dans l'art n'a rien à voir avec la sincérité dans la vie. La sincérité en tant que position pertinente du point de vue culturel est le résultat d'une perception aussi précise que possible de l'évolution de la limite entre le valorisé et le profane à un moment donné. Cette saisie précise exige une formation au moins aussi approfondie que la simple reproduction de la tradition. La plupart du temps, ce sont précisément des artistes ou des écrivains tout à fait sincères du point de vue psychologique et ayant foi en la vertu de leur tradition, qui sont considérés dans le contexte culturel comme des épigones insincères, prisonniers des conventions — malentendu tragique, qui a sa source dans le mélange de la culture et de la vie.

En revanche, un artiste passe pour être sincère lorsqu'il quitte son propre environnement culturel et qu'il s'en va — réellement ou symboliquement — à Tahiti ou en Afrique, où il se crée lui-même une situation absolument artificielle, factice, étrangère, ou même « fausse ». Même lorsqu'un artiste utilise dans son art sa propre expérience de la vie, il doit commencer par la considérer pour ainsi dire de l'extérieur, du point de vue de la culture valorisée — faute de quoi il sera sincère sur le plan subjectif et psychologique sans être sincère dans la culture. Ainsi l'expérience propre de la vie devient un artefact, parce qu'elle obéit d'emblée à la logique de l'adaptation négative, qu'elle s'oppose aux valeurs culturelles dominantes, et qu'elle est ainsi purifiée autant que possible de toute présence de ces valeurs, même si, dans la « vraie » vie, elle est nécessairement influencée par ces dernières. Du point de vue culturel, une expérience « réelle » de la vie est toujours triviale, car elle est déterminée par les valeurs de la culture dans laquelle on vit. Cette expérience n'agit de manière authentique et originale qu'en tant qu'artefact purifié de toutes ces valeurs.

Des œuvres d'art, des discours théoriques qui n'ont pas connaissance de l'innovation de leur époque ou qui n'en tiennent pas compte seront évincés de la mémoire culturelle et passeront dans l'espace profane en tant qu'objets de la culture de masse, en dépit du fait qu'ils aient été conçus comme des valeurs culturelles et qu'ils puissent même avoir fonctionné pendant un certain temps comme tels. Il ne s'agit pas ici de la sentence des générations postérieures, qui, bien entendu, ne sont pas en mesure de mieux juger l'art ou la théorie que les contemporains, mais seulement du fait que le tableau d'ensemble des innovations d'une période donnée se laisse plus clairement reconnaître dans une perspective historique. Parmi ces innovations sont ensuite sélectionnées celles qui sont les plus novatrices pour la mémoire historique. Dès lors, ce qui est conservé dans la mémoire culturelle, ce n'est pas ce qui transcende sa propre époque, ni ce qui représente l'universel, l'extra-temporel et le vrai, mais ce qui est lié au temps de la manière la plus radicale. Il est en effet superflu de conserver l'éternel du point de vue culturel. Du reste, des artistes ou des théoriciens qui n'eurent aucun succès à leur époque peuvent tout à fait rester en suspens pendant un certain temps dans l'espace profane pour ensuite être revalorisés. C'est précisément ce qui est arrivé déjà plusieurs fois à la peinture de salon et ce qui lui arrivera vraisemblablement encore assez souvent dans l'avenir.

À présent, on voit mieux en quoi consiste la faiblesse principale de l'argument écologique. Cet argument s'appuie sur la conviction qu'entre la culture et l'espace profane — lequel est conçu comme vie, nature, culture populaire spontanée, etc. — il existe d'emblée une différence fixe, de sorte que la culture pourrait remplir et prendre possession de l'espace profane tout entier, ou plus précisément que l'espace profane pourrait entièrement absorber la culture. Mais la différence entre la culture valorisée et l'espace profane est liée à la position occupée, et dès lors se modifie sans cesse. Ce que l'on tenait encore pour de la culture se révèle profane à la suite de sa diffusion de masse. Et inversement, ce qui était encore profane et dédaigné, est soudain valorisé et doit être conservé avec un soin tout particulier. Pas plus que le dépassement de la limite entre le culturel et le profane ne peut être garanti par une force universelle et tierce, cette limite n'est elle-même garantie par quoi que ce soit. Au contraire, elle se modifie et évolue sans cesse. Par conséquent, à chaque fois le nouveau est derechef possible, puisque la limite par rapport à laquelle il se définit est à chaque fois nouvelle — indépendamment des innovations précédentes.

TROISIÈME PARTIE

L'ÉCHANGE NOVATEUR

Économie culturelle de l'échange

Ainsi, l'innovation s'accomplit principalement sous la forme de l'échange, propre à l'économie culturelle. Cet échange a lieu entre l'espace profane et la mémoire culturelle valorisée, constituée qu'elle est de la somme des valeurs culturelles que conservent les musées, les bibliothèques et les autres archives, ainsi que des coutumes, des rituels et des traditions se rapportant à ces archives. Toute innovation a pour conséquence que certaines choses de l'espace profane sont valorisées et parviennent dans la mémoire culturelle, tandis qu'à l'inverse certaines valeurs culturelles sont dévalorisées et parviennent dans l'espace profane. À première vue, concevoir l'innovation comme un échange peut sembler étrange, puisque les produits de l'acte créatif sont d'ordinaire interprétés comme quelque chose d'absolument incomparable et inéchangeable, n'ayant aucune valeur déterminée. Cependant, cette représentation traditionnelle de l'innovation provient de la conviction que l'œuvre d'art ou le discours théorique représentent une réalité occulte se situant au-delà de la culture aussi bien qu'au-delà de l'espace profane. Mais pour peu que l'on reconnaisse que la limite entre le valorisé et le profane subsiste toujours, il n'est possible de la franchir que grâce à un échange, et non par sa suppression et par la fusion définitive des domaines qu'elle sépare.

De plus, puisque l'œuvre d'art contient elle-même une couche profane et une couche culturelle, elle fait pour ainsi dire fonction de scène où s'accomplit l'échange entre ces deux couches. Ainsi, par exemple, l'utilisation de choses profanes dans l'art du vingtième siècle en fit des objets artistiques normatifs. Peu à peu, le design profane, l'art commercial et la production de masse commencèrent à s'orienter vers ces choses, de même qu'autrefois ils s'étaient orientés vers l'art classique[1]. Inversement, l'art classique antérieur, devenu du kitsch désuet, descendit dans l'espace profane — ce qui permit par la suite de l'esthétiser à nouveau et de le revaloriser. Plus tard encore, ce fut le tour du design géométrisé de masse, qui put être revalorisé dans la tendance artistique du néo-géo[2]. Ainsi, les stratégies de valorisation et de commercialisation sont étroitement liées. Tout ce qui est culturellement valorisé peut également être commercialisé par la suite. Cependant, tout ce qui est commercialisé perd sa valeur culturelle. C'est pourquoi tout cela peut et doit être ensuite revalorisé en tant que profane. Non seulement la valorisation et la commercialisation se compensent l'une et l'autre, mais elles s'échangent constamment l'une contre l'autre.

Le discours théorique offre lui aussi des exemples intéressants de cet échange. Ainsi Freud réussit-il à revaloriser et ensuite à commercialiser des éléments de la culture humaniste classique qui étaient à son époque tombés dans l'oubli, comme le mythe d'Œdipe. En localisant le complexe d'Œdipe dans la *psyché* de chaque individu, Freud parvint à susciter chez beaucoup de l'intérêt pour des textes qu'ils auraient sans cela jugés dénués d'intérêt. Ici, Freud se présenta comme le médiateur entre la culture classique et l'esprit de son époque. La doctrine du complexe d'Œdipe recèle elle aussi deux couches axiologiques engendrant cette tension interne qui est productrice sur le plan culturel.

Du point de vue de la culture classique, la lecture freudiennne de la tragédie d'Œdipe représentait une sorte de blasphème. Freud introduit l'intérêt profane pour la psychologie de masse démocratique ainsi que pour les instincts « bas » et pervers, au sein de la grande tradition culturelle. Chez Freud, la tragédie d'Œdipe perd son côté exclusif et héroïque, son caractère privilégié et son historicité irréductible, pour devenir la simple illustration d'une loi universelle déterminant l'inconscient. Ce faisant, Freud intègre à la grande tradition culturelle une lecture « basse » de certains textes, promise par la suite à une carrière importante. D'autre part, l'homme moyen et démocratique, l'homme de la masse, est pour Freud le porteur immédiat de la grande tragédie grecque, dont la connaissance était auparavant exclusivement réservée aux classes sociales privilégiées. Par là même, les anciens mythes grecs s'ouvrent à un large public de lecteurs. La théorie freudienne constitue donc un bon exemple de l'échange novateur, qui combine la valorisation culturelle du profane et la commercialisation profane du culturel.

Avant Freud, Friedrich Nietzsche, avec sa dichotomie de l'apollinien et du dionysiaque, avait déjà mis en évidence le même procédé d'universalisation de la culture humaniste classique par son déplacement dans l'inconscient, ou, respectivement, « dans la vie même ». Auparavant encore, Marx était parvenu à sauver et à commercialiser pour une nouvelle époque la dialectique difficilement lisible de Hegel, qui menaçait déjà de tomber dans l'oubli, en l'associant à l'amélioration du niveau de vie des travailleurs salariés. D'autre part, il put inciter les philosophes à s'occuper de problèmes profanes, économiques, qu'ils n'avaient jamais considérés auparavant, situés qu'ils étaient au niveau traditionnellement élevé de la philosophie. Cette stratégie se poursuit jusqu'à aujourd'hui.

Par conséquent, il est impossible de comprendre le rapport entre la valorisation culturelle et le succès économique, financier et commercial sous la forme d'une sorte d'activité diabolique du marché, qui suivrait comme son ombre la force créatrice et absorberait, utiliserait et transformerait en marchandise tout ce qui a été créé pour faire contrepoids au marché — en tant que fondamentalement Autre, espace alternatif, ou utopie dépassant toutes les hiérarchies et toutes les inégalités[3]. Comme toujours, ce modèle du rapport entre la création artistique et le marché présuppose que le créatif a une source qui le transcende et dont il naît de manière incompréhensible, pour être ensuite, d'une manière qui n'est que trop compréhensible, encaissé, utilisé et commercialisé. Cependant, si l'innovation n'opère qu'avec des choses qui existent déjà et qui possèdent une valeur déterminée dans la mémoire culturelle valorisée ou dans l'espace profane, et si elle ne vise qu'à modifier le rapport de ces valeurs entre elles, c'est-à-dire à transvaluer les valeurs, cela signifie qu'elle est elle-même originellement une sorte d'opération économique. Dès lors, le fait que s'y ajoute l'échange commercial d'œuvres d'art ou de livres n'a rien de contre-nature. Ce n'est pas un hasard si l'on use ici du terme de « valorisation » pour caractériser l'innovation : ce terme ne renvoie pas seulement aux valeurs idéales, mais à la valeur commerciale également.

Même dans la culture valorisée, l'argent joue un rôle considérable, puisque la mémoire culturelle doit être conservée dans des archives, ce qui nécessite de l'argent. Le fait que la mémoire culturelle soit conservée dans une archive matérielle et que de l'argent doive être investi dans sa conservation peut être considéré comme un signe de la sécularisation de la conscience européenne dans les Temps Modernes. La mémoire culturelle est même la version sécularisée de la mémoire divine, laquelle n'exige bien entendu pas de dépenses financières. Ainsi, dans les instants d'extase religieuse authentique, il arrive souvent que les croyants détruisent avec joie les monuments de la culture, ce qui apparaît généralement à leurs contemporains et à leurs descendants plus sceptiques comme une preuve de barbarie, de fanatisme et d'absence de culture. En réalité, ce qui guide les croyants lorsqu'ils détruisent les monuments culturels, c'est la conviction que Dieu n'a pas besoin de monuments matériels superflus et qui, de plus, ne sont pas eux-mêmes éternels, c'est la certitude que Dieu lit dans l'âme de tout homme et qu'il garde tout en mémoire, mieux et de façon plus fiable qu'aucune culture n'est en mesure de le faire. Ainsi, la tentative qui vise à défaire le lien qui unit la culture valorisée à la valeur profane et commerciale, ainsi qu'à sa position privilégiée et à l'inégalité sociale qui en découle, et qui veut la libérer des institutions de contrôle et de pouvoir qui la garantissent, est profondément enracinée dans la tradition culturelle elle-même. Dans l'histoire, cette tentative dégénéra souvent en une destruction complète de la culture dotée de valeur — destruction qui devait permettre de dégager quelque chose d'impérissable, d'ontologiquement indestructible, et donc en soi et pour soi doté de valeur[4].

Par ailleurs, si l'on reconnaît que toutes les choses sont organisées selon des hiérarchies et des valeurs, et qu'en dehors d'elles il n'y a rien de caché qui serait susceptible d'être révélé grâce à leur destruction totale, la destruction de l'archive culturelle ne peut conduire qu'à ce qui se trouve en dehors d'elle, c'est-à-dire au profane. Par conséquent, la tentative de trouver l'indestructible, l'éternel et l'élémentaire en dehors de la culture conduit à un domaine du profane encore plus périssable et mortel que ne l'est l'art lui-même. C'est pourquoi avec chaque sortie hors de la culture, c'est un nouveau cycle de conservation qui commence, parce que ce qui a été gagné grâce à la destruction de la culture a besoin d'être conservé et gardé avec plus de soin encore que ce qui a été auparavant détruit.

Échange novateur et christianisme

Prenons comme exemple les premiers chrétiens. Ils abandonnèrent la culture païenne et ses monuments et s'en allèrent dans les déserts, dans l'espace le plus profane de leur époque. Ce départ peut être interprété comme une destruction symbolique de la culture, mais également comme l'entrée du profane, c'est-à-dire des lieux désertiques, dans l'archive de la culture. Au fond, l'érémitisme chrétien est une innovation qui revalorise le profane et dévalorise les valeurs établies. Normalement, l'ermite chrétien élit domicile dans des lieux au plus haut point profanes, y utilise les ustensiles les plus primitifs, se nourrit de la manière la plus simple, et au cours de sa vie ne laisse que rarement derrière lui des monuments écrits ou artistiques. Cependant, vers la fin de sa vie ou après sa mort, sa cellule solitaire commence à attirer les autres hommes. Elle prend plus de valeur que les valeurs plus anciennes. Au cours du temps, on construit en ce lieu des églises de plus en plus somptueuses, ornées de fresques et d'offrandes votives. Mais ce sont toujours les reliques du saint homme qui constituent la plus grande valeur, ainsi qu'un petit nombre de choses simples, quotidiennes qu'il a utilisées — le readymade de sa sainte vie, si l'on veut. Ces choses n'ont pas une forme originale ou valorisée du point de vue culturel ; elles doivent donc être conservées avec un soin tout particulier. Ce qui les rend nouvelles est le rôle particulier qu'elles ont joué pour l'ermite dans sa quête du salut, leur aptitude particulière à représenter la réalité extra-culturelle, ainsi que leur caractère profane lui-même, qui est devenu la valeur culturelle la plus élevée. Le besoin d'entourer les objets de cette sainte vie d'un soin particulier et d'établir pour eux un contexte particulier de conservation provient de ce que, justement, leur valeur ne peut être reconnue que difficilement. Un temple païen rempli d'objets précieux et orné de statues est immédiatement reconnu comme tel, même si l'on ne tombe sur lui que par hasard, à l'occasion de fouilles. Dans la grotte où a vécu le saint, on ne voit pas immédiatement la sainteté chrétienne, puisque du point de vue extérieur rien ne la distingue des autres grottes situées dans son voisinage. C'est pourquoi le besoin de protéger et d'entretenir cette grotte est particulièrement important.

Ainsi, le séjour du saint dans la grotte a valorisé celle-ci non seulement au sens idéal, mais aussi au sens profane et économique, car son entretien requiert des efforts particulièrement grands ainsi que des dépenses matérielles. L'ascèse chrétienne comporte les deux mêmes couches axiologiques qui sont généralement le propre de l'innovation culturelle. Le saint ermite se transporte lui-même dans un espace au plus haut point profane, en quoi il incarne dans sa personne l'idéal culturel le plus haut et les valeurs culturelles les plus élevées de son époque. Plus nette est la distance entre ce qu'il représente en tant que porteur de la connaissance et de l'expérience religieuses les plus hautes et les conditions profanes dans lesquelles il vit, plus seront radicales la valorisation du profane et la dévalorisation de la culture, plus sera profond l'échange novateur.

Bien entendu, le christianisme est lui-même issu de cet échange, puisqu'il vit de la coexistence indissociable et sans confusion possible de l'essence divine et de l'essence humaine en Jésus-Christ. L'essence divine du Christ est échangée contre le sort au plus haut point profane du criminel crucifié. Le Christ ne renonce pas seulement aux dons de ce monde, mais également à sa propre tradition religieuse : il échange la propriété dans le temple contre la croix. Il est non seulement déclaré criminel par les Romains, mais également hérétique par les Juifs. C'est pourquoi la croix, dans sa double fonction d'instrument de châtiment et de salut pour l'âme, est également un lieu où peut s'effectuer l'échange du monde profane contre la grâce divine. Ainsi, la croix — de nouveau en tant que readymade, si l'on veut — touche au cœur même de la culture européenne. En s'efforçant sans cesse de surmonter les valeurs reconnues du passé, pour la plupart chrétiennes, la culture européenne des temps modernes reproduit constamment la même figure de l'échange novateur, celle que le christianisme lui-même représente, et dès lors elle ne dépasse pas l'horizon de ce dernier[5].

Le renoncement à la culture, la destruction de la culture, le dépassement de la culture — ce sont là les thèmes constants de la tradition culturelle de l'Europe chrétienne. Le doute total et la critique totale propres aux temps modernes perpétuent cette tradition, même lorsqu'ils la dynamitent et veulent atteindre en dehors d'elle quelque chose qui ne se laisse plus critiquer, une vérité évidente et spontanée qui ne dépende plus de mécanismes sociaux de contrôle ou de rapports de propriété inégaux. Si ce saut parvenait à atteindre, hors de la tradition, la vérité en soi, l'archive ne pourrait en effet plus être utilisée. Elle pourrait être anéantie en toute tranquillité, car la vérité subsisterait en dehors d'elle. La Raison, le Désir, l'Inconscient, la Vie ou la Matière peuvent passer pour être cette vérité indestructible, indépendante de l'archive. C'est pourquoi on entend souvent dans la modernité l'opinion selon laquelle l'ancien fait obstacle au nouveau et qu'il suffirait de détruire l'ancien pour ouvrir la voie au nouveau. Mais en réalité, le besoin et la possibilité du nouveau sont déterminés par la conservation de la mémoire culturelle valorisée. Si l'on pouvait renoncer à la conservation culturelle, la « contrainte qui pousse au nouveau » («Zwang zum Neuen ») disparaîtrait de fait. On pourrait à nouveau « rendre tout ancien ». Mais c'est ce qui n'arrivera jamais en pratique, puisque la dévalorisation de la culture entraîne la valorisation immédiate du profane. Toute destruction de l'archive culturelle est inévitablement suivie de sa reconstruction.

C'est surtout à l'époque de l'avant-garde historique que fut exigée la destruction des archives culturelles, en tant que libération du futur. Lorsque Malevitch eut créé son *Carré*

Noir, il crut sans doute qu'il avait nié toutes les valeurs traditionnelles, et que derrière celles-ci était apparu le noir originel qui est la vérité du monde. Néanmoins, le *Carré Noir* se laisse également décrire comme l'insertion d'une chose profane déterminée — un carré — dans le contexte de la conservation culturelle dotée de valeur. L'art avant-gardiste mettait sur le même plan la destruction et la créativité, et pensait qu'une fois rejetées toutes les conventions, violées toutes les normes et détruite la tradition, la réalité se montrerait d'elle-même, occultée qu'elle avait été par ces conventions, par ces normes et par ces choses. De ce point de vue, il ressemble à la philosophie européenne, qui pensait depuis Descartes que la vérité authentique ferait irruption d'elle-même dans chaque conscience, pour peu seulement que l'on doutât des vérités traditionnelles et conventionnelles. Cependant, au sein de l'art avant-gardiste, la dévalorisation de la tradition fut en fait toujours suivie de la valorisation de choses ou d'idées profanes qui n'apparaissaient pas d'elles-mêmes, mais qui avaient été apportées de l'extérieur dans le contexte culturel traditionnel : l'acte de destruction n'a pas révélé l'occulte, mais a valorisé le profane.

Sur le plan politique, l'écrivain russe Andrei Platonov met en évidence cette erreur fondamentale de la pensée avant-gardiste. Dans son roman *Tchevengour*[6], il décrit un groupe de révolutionnaires qui, après s'être emparé du pouvoir dans une petite localité au cours de la guerre civile, tentent d'édifier la nouvelle société communiste en fusillant l'une après l'autre toutes les couches de la population, chacune étant contaminée par les représentations culturelles traditionnelles et hiérarchiques. En fin de compte, la nouvelle société n'est pas constituée des habitants du village qui auraient survécu, puisqu'ils sont pratiquement tous condamnés à être exterminés, mais d'immigrants étrangers. Dans cette nouvelle société est alors créée une hiérarchie propre, elle-même menacée dans son existence et ayant besoin d'être culturellement conservée. La conséquence est qu'elle ne peut, en réalité, se maintenir et qu'elle échoue, puisqu'elle ne connaît que la logique de la négation et de la destruction. La stratégie de la négation et de la purification de soi se révèle faible et inefficace face à la menace représentée par le profane, par la mort elle-même.

Ainsi, le renoncement ascétique aux valeurs traditionnelles au profit du profane est toujours un procédé d'échange novateur, et par conséquent une instance de la logique économique dans sa globalité. Ce renoncement conduit à la valorisation du domaine de l'espace profane dans lequel il est accompli. Pour créer de nouvelles valeurs, il n'est pas nécessaire que l'ascèse précède une activité utile déterminée, contrairement à la description de Max Weber. Weber pensait en effet que le rôle de l'ascèse protestante consistait à focaliser les forces de l'Europe capitaliste et à les diriger vers la production[7]. Cependant, pour relever la valeur culturelle, et donc également commerciale d'une chose, il suffit qu'une tradition culturellement valorisée ait été sacrifiée pour elle. Ici, des efforts supplémentaires de production ne sont plus requis.

Interprétation de l'échange novateur

L'idée que, par le simple sacrifice de la tradition culturelle, n'importe quelle chose profane acquiert soudainement un statut axiologique est, aux yeux de beaucoup, choquante. C'est pourquoi l'art actuel continue à rencontrer une certaine méfiance. C'est également pour cette raison qu'on réentreprend toujours de justifier, de fonder ou de réfuter l'économie du sacrifice et de l'innovation par le biais de différentes interprétations. Dans ces interprétations, l'échange novateur lui-même est placé dans une certaine relation à la réalité occulte, laquelle est censée justifier ses mécanismes. Par la suite, on montrera que les interprétations de l'échange novateur sont elles-mêmes soumises à la logique, propre à l'économie culturelle, de cet échange, et qu'elles ne sont dès lors en mesure ni de le fonder, ni de le réfuter.

De l'artiste moderne, on peut dire qu'il sacrifie sa capacité à créer des valeurs traditionnelles et qu'il exerce une ascèse, par exemple en montrant une vasque d'urinoir retournée, qui acquiert une valeur grâce à ce sacrifice ascétique. Ce qui est en mesure de créer une nouvelle valeur, ce n'est pas seulement la production de valeurs qui aillent dans le sens de l'adaptation positive et qui soient en accord avec les normes culturelles valorisées ; c'est également l'économie du sacrifice, c'est-à-dire le renoncement à la production et aux valeurs traditionnelles en général, le pur et simple abandon de l'espace culturel et la destruction réelle ou symbolique de ce qui est doté de valeur.

À vrai dire, on tente toujours à nouveau de démasquer une semblable économie du sacrifice et de la dénoncer comme escroquerie. Ainsi Nietzsche affirmait-il à son époque que l'ascète est probablement tout à fait incapable de se réjouir de félicités terrestres, même lorsqu'on lui en donne la possibilité, et que ce fait ôte toute valeur à son ascèse. Dès lors, on pourrait également penser qu'un artiste de notre époque n'est qu'un bousilleur selon l'art traditionnel et qu'il ne dissimule son bousillage potentiel que grâce à des innovations, de sorte que l'on pourrait également considérer son innovation comme dénuée de toute valeur. Cette critique est en partie exacte. Elle met en évidence que tout sacrifice présuppose la possibilité de choisir de s'offrir en victime. Un berger qui s'est égaré dans la région désertique où le saint ermite lutte pour le salut de son âme n'en devient pas pour autant un saint. Et donc, selon cette critique, puisqu'il est impossible de vérifier de manière objective la valeur interne, on ne devrait au fond parler ni d'ascèse, ni de sacrifice, ni d'échange novateur, lequel se révèle n'être qu'une tromperie habile. À première vue, cette critique est convaincante ; elle doit donc être examinée de plus près.

Le point faible de cette critique est qu'elle conçoit l'interprétation du sacrifice en tant que sacrifice comme quelque chose qui lui est extérieur. Même si un artiste n'était pas apte à produire des valeurs traditionnelles, son innovation consisterait à avoir introduit, par une interprétation déterminée, cette incapacité comme valeur dans la culture valorisée. Ici, l'innovation serait moins l'œuvre d'art elle-même dans sa choséité immédiate que l'interprétation immanente à cette œuvre d'art, qui aurait conféré à une chose profane la dignité d'un signe culturel. L'interprétation culturellement établie d'une œuvre non traditionnelle ou « non réussie » en tant que sacrifice de la tradition confère une valeur à cette œuvre ainsi qu'à son auteur — indépendamment de la question de savoir si et dans quelle mesure ce dernier s'est révélé maîtriser l'art traditionnel.

Comme on sait, ce n'est pas de gaieté de cœur que Nietzsche a formulé ses invectives contre l'ascèse chrétienne. Nous savons que c'était un homme gravement malade, tout à fait incapable de prendre plaisir aux joies du corps. Ce qui veut dire que ses attaques contre les idéaux ascétiques sont déjà en eux-mêmes une forme d'ascèse. Nietzsche conquiert pour ainsi dire en imagination le territoire profane de la volonté de puissance, qui à sa manière ne se distingue pas du désert profane dans lequel le saint cherchait son salut. Être un ascète dans la civilisation chrétienne, qui valorisait l'ascèse, signifie récuser l'ascèse. Si la rhétorique de Nietzsche est si efficace, c'est parce que la vie dans le monde est pour lui une souffrance accrue — une souffrance plus radicale encore que dans la sécurité relative de l'ascèse chrétienne. Par conséquent, Nietzsche reproduit la figure même de l'échange novateur qu'il critique chez d'autres ; il la reproduit de la manière même qu'il critique. C'est seulement en donnant du monde tel qu'il est une nouvelle interprétation, en en faisant le lieu de la souffrance, qu'il introduit grâce à cette interprétation l'existence mondaine dans la tradition de l'ascèse. Mais cela signifie que pour sortir de la figure de l'échange novateur, il n'existe pas d'autre issue critique que sa répétition. L'échange novateur n'est sincère et authentique que s'il peut renvoyer à la limite entre le valorisé et le profane en un certain temps et un certain lieu de son évolution, et non pas du fait qu'il croirait à la « véracité » de ce qui est dit. Selon la doctrine de l'Église, les sacrements et les rituels sont valides indépendamment de la question de savoir si le religieux qui les accomplit croit en eux ou non.

Tout comme le saint des époques anciennes, l'artiste moderne n'a pas de capacités, pas de talents spécifiques, pas de position sociale déterminée. Le mécanisme de l'innovation lui donne la possibilité d'acquérir une valeur culturelle sans aucune « pré-valeur » («Vorwert »), c'est-à-dire sans être préalablement « quelqu'un ». De ce point de vue, l'artiste se distingue du savant ou du manager, qui doivent prouver leurs capacités dans le cadre d'un système prédéterminé. En ce sens, l'artiste moderne est un « monsieur tout le monde » ; et c'est précisément pour cette raison que son destin a un caractère paradigmatique. Mais la souffrance subjective du martyre ne peut pas non plus fonder la valeur du nouveau. La souffrance, qui était autrefois exigée du poète maudit novateur, était encore un signe du refus opposé par la société au nouveau. Cette souffrance remplaçait le châtiment public : ainsi, le nouveau s'expiait intérieurement, et toute punition par la société devenait superflue. Cependant, on peut très bien se représenter et justifier le nouveau sans la souffrance.

En effet, l'innovation peut là aussi être interprétée tout aussi légitimement sur deux niveaux différents. Le premier niveau est celui de la tradition culturelle valorisée, où l'innovation est conçue comme sacrifice religieux, ascèse et purification chrétienne, et qui échange les valeurs et les biens de la tradition culturelle contre des choses profanes, dénuées de valeur. À l'autre niveau, l'innovation peut être considérée comme une opération commerciale spéculative, conférant, grâce à l'expansion de la culture, une nouvelle valeur à des choses dénuées de valeur. Ainsi, l'ascète chrétien peut également être compris comme un conquérant de nouveaux territoires : le sacrifice de la tradition se révèle alors une conquête de l'espace profane pour la tradition. La fuite dans le désert devient la conquête du désert[8]. Ainsi, l'art moderne peut également être interprété non pas comme offrant des sacrifices, mais comme conquérant de nouveaux domaines de la vie profane.

Ces deux modes d'interprétation sont implicitement contenus dans tout discours portant sur l'innovation. Il est tout aussi impossible d'éliminer complètement l'un d'eux que de trouver leur synthèse. Toutes les tentatives visant à représenter le sacrifice religieux comme absolu échouent devant le fait incontestable qu'il présuppose toujours une récompense — si ce n'est dans ce monde, en tout cas dans le contexte de la culture existante. Ainsi, l'artiste de notre époque qui sacrifie la tradition sait d'avance que son sacrifice sera récompensé — et par un succès commercial —, pour peu qu'il soit capable d'introduire quelque chose de nouveau dans le contexte valorisé. Dès lors, l'interprétation de l'innovation comme sacrifice n'est pas la seule qui soit possible.

Cependant, le programme inverse, qui entend réduire l'échange novateur à son seul effet commercial, est tout aussi peu réalisable. Dans cette perspective, l'innovation est exclusivement conçue comme une habile tromperie censée produire l'illusion ou, plus précisément, l'imitation du sacrifice, et qui doit par conséquent être démasquée en tant que tromperie. Cependant, ce démasquage se révèle infructueux, dans la mesure où il réussit toujours. Ici, ce n'est pas seulement que le démasquage de la tromperie idéologique reproduit précisément la figure de l'échange novateur qu'il entend pourtant démasquer, puisqu'il substitue à une explication « élevée » de l'innovation culturelle une explication « basse ». C'est surtout que l'imitation de l'innovation ne peut être distinguée de l'innovation elle-même. Cette distinction ne serait possible que si la collation du culturellement valorisé et du profane pouvait être répétée à l'infini. C'est pour cette raison que l'opération novatrice contient elle-même deux niveaux axiologiques, tout comme les œuvres d'art ou les discours théoriques auxquels elle donne lieu. Toute innovation est simultanément un sacrifice et une conquête. Ces deux niveaux axiologiques peuvent certes être distingués l'un de l'autre, mais aucun d'entre eux ne peut être éliminé, et ils produisent, cette fois encore, une tension interne, laquelle constitue le véritable charme de toute innovation.

La hiérarchie traditionnelle de ces deux niveaux d'interprétation repose sur l'hypothèse qu'une certaine espèce de consommation axiologique (Wertekonsums) serait supérieure à d'autres, ou de plus grande valeur. On se représente la consommation axiologique valorisée comme luxe, destruction, sacrifice, dilapidation ou ascèse. Bataille a montré que les différents modes de destruction et de dilapidation ont quelque chose en commun, et qu'ensemble ils constituent une forme sacrée et aristocratique de consommation[9]. Une autre espèce de consommation axiologique, « inférieure », est constituée par la consommation à des fins de production, par l'usage de certaines choses pour en produire d'autres, par l'utilisation et l'instrumentalisation de la culture. Le rapport utilitariste aux valeurs culturelles est particulièrement contraire à l'esprit de la culture traditionnelle, qui préférerait être purement et simplement détruite que de se voir profanée par instrumentalisation. Du reste, Bataille voit l'archétype d'une économie du sacrifice dans ce qu'on nomme le potlatch, et il montre que cette économie est elle aussi lucrative[10].

Dans cette économie, l'offrande est toujours récompensée, puisqu'elle oblige l'autre à la contre-offrande. Certes, Bataille constate le déclin de ce type d'économie dans le monde actuel ; mais il ne voit pas qu'il existe encore dans la culture une récompense analogue, puisque les choses profanes et dénuées de valeur que l'on reçoit en contrepartie de l'offrande deviennent elles-mêmes des valeurs. Néanmoins, la distinction faite par Bataille fixe exactement les deux niveaux présents dans la figure de l'innovation entendue comme échange, en même temps qu'elle assure la distinction axiologique entre eux.

L'échange novateur, qui s'imposa au commencement de la modernité, eut pour conséquence que les forme culturelles traditionnelles, aristocratiques, de consommation ou de destruction de la culture parurent définitivement dévalorisées, et les profanes valorisées. C'est pourquoi se fait entendre dans la modernité une critique incessante de la vie monastique comme d'ailleurs de tout mode de vie purement contemplatif, qu'on associe aujourd'hui à une dilapidation improductive de forces et de choses, et que l'on considère dès lors de façon exclusivement négative. En effet, la vie contemplative ne produit pas de choses nouvelles ; elle se contente d'utiliser ou de consommer autrement les choses qui existent déjà. Aussi, dans la modernité, la contemplation est-elle constamment opposée au faire créateur, conçu quant à lui comme une production particulièrement intensive[11]. Cependant, à y regarder de plus près, il s'avère que la production n'est elle-même qu'une forme particulière de consommation, tandis que la pure contemplation, c'est-à-dire la pure consommation, est en mesure de produire de nouvelles valeurs.

Il y a à cela une raison essentielle : c'est seulement lorsque de nouvelles formes de consommation sont créées qu'apparaît également la production qui doit répondre à cette consommation. En fin de compte, la pratique novatrice n'est donc pas une production, un travail ou une création esthétique, toutes choses qui doivent être comprises comme une continuation de la culture valorisée, mais un changement contemplatif dans les modes de consommation, un nouveau rapport aux choses, en même temps que leur valorisation et leur dévalorisation. Autrefois, l'échange novateur dans le domaine de la consommation était l'affaire de l'aristocratie et de la religion. De nos jours, l'art le pratique d'une manière plus professionnelle. La commercialisation de cette valorisation crée des modes, qui sont suivies, en guise de réaction, d'un nouvel échange novateur, lequel est par la suite remplacé par la commercialisation. Ainsi, le rapport contemplatif aux valeurs culturelles — c'est-à-dire leur consommation, leur destruction et leur dilapidation pures et simples — garde toute sa validité, même dans notre culture orientée vers la production. La raison profonde en est certainement la menace constante qu'exerce le processus de production, et que conjurent les formes contemplatives de la culture. Comme on l'a déjà montré, du profane sourd intarissablement l'angoisse d'une destruction totale de la culture et de toutes ses valeurs, ainsi que celle d'un effacement complet de toutes les hiérarchies culturelles. C'est pourquoi toute critique de la culture, même la plus radicale, est saluée et valorisée par cette dernière, car cette critique demeure toujours intraculturelle. Il y a longtemps qu'on a constaté que la culture admet volontiers les textes les plus destructeurs, démoniaques, agressifs, négateurs et profanateurs à son propre égard, tandis qu'aucun texte « positif », bien-pensant, conformiste et n'est susceptible de connaître en elle un véritable succès.

L'homme de culture, qui, au fond, vit dans la crainte constante que la culture puisse un jour disparaître définitivement et qu'on puisse ainsi perdre tout souvenir historique de sa propre existence à la suite de sa mort biologique, est enclin à s'identifier symboliquement aux forces profanes qui pourraient détruire la culture, afin de survivre tout aussi symboliquement avec ces forces à la disparition future des valeurs culturelles. Seuls les peuples primitifs s'identifient aux forces de la nature qui les menacent, cette ruse magique leur permettant d'en être les alliés à l'instant décisif. Voilà pourquoi la culture de notre époque est aussi pleine de choses et de signes qui sont de l'ordre du sans-valeur, du profane, de l'anonyme, de l'agressif, du refoulé et de l'insignifiant, c'est-à-dire précisément de tout ce qui menace de tromper son attention, de la prendre au dépourvu et de la corrompre. Toutes ces choses sont valorisées en tant que conjurations magiques de la catastrophe qu'on imagine et de la disparition de la culture dans le profane. Bien entendu, le domaine dangereux ne sera jamais épuisé définitivement ; et même des manifestations culturelles anciennes et convenues, sont toujours susceptibles de redevenir dangereuses par l'éventualité de leur commercialisation et de leur profanation, et donc par la perte du caractère conjuratoire qu'elles avaient à l'origine. Par conséquent, le nouveau n'est pas une forme nouvelle se distinguant de formes anciennes selon des caractéristiques extérieures, quelles qu'elles soient. Le nouveau est un nouvel objet d'angoisse, un nouveau danger et un nouveau profane, valorisé et dangereux.

Le danger provient toujours du fait que l'homme ne remarque pas ce contre quoi il n'est pas armé, ce qui ne se situe pas au centre de son attention. Et pourtant, c'est justement de cette source cachée que peut aussi venir le salut. La vie dans le système culturel s'oriente selon des règles bien déterminées. Dans le jeu d'échecs, on ne part pas du principe que l'un des deux joueurs pourrait soudainement être tué par une pièce au cours de la partie. Les structuralistes, Wittgenstein, et beaucoup d'autres avant comme après eux, considèrent l'ensemble du spectre des activités humaines comme un jeu soumis à des règles inconsciemment déterminantes, bien que pas toujours réfléchies. Cependant, la réalité se distingue du jeu en ce qu'elle comporte le danger d'une caractéristique réfractaire à la règle, et parce qu'elle contient des domaines profanes inaperçus, de la part desquels on doit s'attendre à un coup par surprise. Du reste, les structuralistes ou Wittgenstein ne jouaient nullement eux-mêmes selon les règles usuelles lorsqu'ils professaient que suivre les règles d'un jeu est une opération non pas consciente, mais inconsciente, et qu'ils plaçaient ainsi sur le même plan le discours philosophique et le langage quotidien.

Lorsqu'un artiste ou un philosophe se tourne vers le profane et le valorise, non seulement il confère au profane, au dénué de valeur, au démocratique, à l'occulte et au refoulé une valeur culturelle, mais il neutralise simultanément le danger de destruction totale et de mort qui en émane. Il n'y a pas lieu de décrire et de mythologiser spécialement ce triomphe sur le danger. Il suffit de montrer que la culture endure l'agression du profane et lui résiste. Le Marquis de Sade, par exemple, passe pour être l'un des héros culturels des temps modernes, parce que dans ses textes la littérature endure quelque chose qu'elle n'endure pas dans d'autres textes. On peut également penser à Goya, chez qui la peinture supporte plus que ce qu'elle était en mesure de supporter avant lui[12]. Mais bien entendu, la menace qui pèse sur la mémoire culturelle n'émane pas seulement de la violence pure, mais également de la bêtise, de la platitude, de la quotidienneté et du kitsch, dans lesquels cette mémoire se dissout. C'est pour cette raison que la représentation de la banalité et de la quotidienneté constitue un thème favori des modernes, notamment depuis la seconde moitié du dix-neuvième siècle jusqu'à nos jours[13]. Il est vrai que plus la critique de la violence ou de la banalité est directe et explicite, moins leur valorisation réussit. Un sentiment d'insatisfaction se fait jour, puisqu'on sent bien que l'auteur a eu recours à des critères et à des moyens déjà valorisés pour affaiblir la force colossale du profane, et qu'ainsi il n'a pas suffisamment immunisé la culture contre la menace que celui-ci représente. Toute distance critique conduit à l'échec de l'affaire tout entière. Ce n'est que lorsque l'artiste aime le profane dans son caractère profane même, dans son atrocité, sa trivialité ou son extrême cruauté et nous amène à nous laisser captiver par le profane, à l'aimer, à nous enthousiasmer pour lui et à le vivre comme une véritable valeur culturelle — ce n'est qu'alors que sa victoire sur la menace que représente le profane est à ce point sensible que la culture l'admet au nombre de ses héros.

Les musées d'art aux centres des villes occidentales modernes, qui absorbent peu à peu les églises chrétiennes et se transforment de manière imperceptible en leurs filiales, sont les sanctuaires de cette nouvelle religion. Telle est la religion de la transcendance historique, de la survie, de la préservation d'un seul homme dans des archives historiques, puisque, aujourd'hui, dans notre monde technicisé, là est, pour la plupart des hommes, la seule forme accessible d'immortalité personnelle. C'est pourquoi les musées d'art moderne sont remplis de témoignages d'ascèse et de sacrifices qui furent offerts au nom de cette immortalité historique — avec des déchets, des représentations hideuses de la violence ou de l'extase, du plat géométrisme et des couleurs éteintes. C'est pourquoi encore la philosophie et la littérature de notre époque regorgent elles aussi de textes comparables. Cette représentation artistique des traces laissées par les tourments et par les supplices de l'âme rappelle les icônes, qui représentaient les saints chrétiens avec leurs instruments de martyre. La sécularisation de l'art dans la modernité l'a conduit à prendre sur lui le martyre et l'ascèse, qu'il se contentait d'illustrer dans le passé. Il ne lui reste plus qu'à aimer ses ennemis[14].

Bien entendu, l'âme ne peut être sauvée définitivement par un seul acte novateur. Jamais les valeurs culturelles et les choses profanes ne constituent la synthèse indestructible qui aurait pour effet de libérer une fois pour toutes la culture de son angoisse et de stabiliser sa mémoire valorisée. Comme on l'a dit, tout œuvre d'art demeure intérieurement scindée en deux couches axiologiques, et constitue dès lors, autant qu'une conjuration du profane, un témoignage concret de l'échec et de l'inutilité de tout martyre. Davantage encore : comme on l'a indiqué, tout œuvre d'art se présente non seulement comme un sacrifice salvateur, mais également comme un échange auquel il vaut la peine de procéder ; grâce à ce dernier en effet, des choses qui étaient autrefois profanes acquièrent une valeur dans la culture pour devenir une mode, et même une norme, et d'autres choses sont profanées, se démodent et sont définies comme kitsch — jusqu'à la prochaine innovation. C'est pourquoi les musées peuvent également être décrits comme des banques de valeurs culturelles qui maintiennent sans cesse ces valeurs en circulation et se doivent de les échanger contre des choses profanes afin d'assurer leur valeur marchande — de la même manière que de l'argent qui se contenterait de dormir sur un compte et ne serait jamais mis en circulation perdrait de sa valeur.

Cette seconde description de l'innovation, qui s'inspire de l'économie de marché, ne contredit pas la validité de la première présentation, d'inspiration néo-sacrée. L'échange sous son aspect commercial a accompagné chaque culte sacré. À toutes les époques, le clergé s'est vu reproché de tromper les hommes et d'être cupide. De tout temps, l'expulsion des marchands hors du temple a constitué la forme la plus répandue de l'innovation, et de tout temps elle a conduit à leur retour dans le nouveau temple, qui avait été érigé à la place de l'ancien. La critique du marché de l'art caractérisa surtout la première avant-garde, lorsque le pathos du sacrifice était vécue de la manière la plus immédiate. Quelque temps plus tard en revanche, on put remarquer combien l'aspect commercial de l'art était valorisé. Aujourd'hui par exemple, l'idée qui veut que l'artiste soit guidé dans son travail par un amour sacré de l'art et par le désir de sauver les hommes est complètement passée de mode. Si des idées de ce genre peuvent de temps à autre venir à un artiste, il les réprime et les passe sous silence, puisque dans la culture actuelle elles sont ressenties comme relevant du kitsch, comme banales et présomptueuses. Aujourd'hui, l'artiste se donne en général une allure d'homme d'affaires et d'entrepreneur, dont le sérieux dans les affaires dépasse même celui de l'entrepreneur normal. Ainsi, l'aspect commercial de l'innovation est toujours revalorisé par rapport à son aspect sacré. De la sorte, les deux aspects sont sans cesse échangés l'un contre l'autre, par toutes les interprétations novatrices possibles. On peut très bien imaginer qu'un jour, une nouvelle atmosphère néo-sacrée apparaîtra dans l'art. Alors, il sera devenu plat et dépassé de parler d'argent, et actuel et valorisant de parler d'esprit, d'ascèse et de sacrifice. Par conséquent, les interprétations de l'échange novateur sont aussi bien classées de manière hiérarchique qu'insérées dans la stratégie de l'échange novateur qu'elles tentent de décrire.

C'est ce qui se manifeste tout particulièrement lorsqu'on fait de l'échange novateur une instance de l'échange culturel usuel, en utilisant l'argument écologique sous sa forme modifiée, tel qu'il a été appliqué à son interprétation. Du même coup disparaît également la menace exercée par le profane, que la modernité a vécue de manière si intense. Ce qui se produit est la fin de la fin, l'apocalypse de l'apocalypse : le profane et le danger qu'il représente sombrent dans le réseau quasi culturel et infini des différences inconscientes.

Par exemple, Derrida définit l'archive non comme valeurs qui seraient conservées de manière explicite dans des musées, des bibliothèques ou des refuges culturels du même ordre, mais plutôt comme textualité infinie où s'efface la différence hiérarchique entre ce qui est culturellement valorisé et le profane. La mémoire culturelle organisée de manière explicite se révèle n'être que la partie émergée de l'iceberg — et c'est pourquoi l'espace profane, qui forme l'iceberg, ne se distingue pas, dans son organisation, de la mémoire culturelle valorisée : dans son infinité même, le profane est toujours déjà structuré, différencié, « écrit[15] ». Selon Baudrillard également, l'échange des simulacres est universel, et ne permet pas de distinguer entre réalité et simulation, ou culture — de sorte qu'ici, l'échange novateur devient à nouveau une partie intégrante de cet échange universel de simulacres. De nombreuses autres théories post-modernes, qui dissolvent l'innovation dans les différences culturelles inconscientes, poursuivent une stratégie analogue.

Cependant, on a déjà montré que l'égalité dans l'altérité est elle-même un effet de l'échange novateur, et que par conséquent le profane a sur le plan de l'inconscient la même organisation structurelle que celle dont dispose la mémoire culturelle valorisée sur le plan de la conscience. Les théories post-modernes font perdre à l'innovation de son acuité, mais elles sont elles-mêmes un événement, une innovation — qu'elles entendent justifier d'une manière très traditionnelle, en en faisant la dernière possible. Cette justification associe ce qui a une valeur culturelle à la conscience, au signe, à l'identique, au vrai — et le profane à l'inconscient, au matériel, au différent. Les théories post-modernes accomplissent une transvaluation des valeurs — ou encore, elles font partie intégrante de cette transvaluation en présentant une image de la textualité ou de la simulation qui contient deux niveaux axiologiques. Car la textualité ou la simulation sont structurées comme la culture et matérielles comme le profane. Cependant, on a déjà montré auparavant que le culturellement valorisé et le profane ne peuvent être identifiés à des oppositions métaphysiques telles que conscience/inconscient, signe/matière, intérieur/extérieur, ou signifiant/signifié. La transvaluation des valeurs métaphysiques signifie seulement le déplacement des limites axiologiques culturelles — et non leur dépassement définitif ou leur dissolution définitive.

Les théories post-modernes tentent d'une manière très élégante, et à vrai dire très traditionnelle, de réconcilier les deux niveaux axiologiques de l'interprétation. On y affirme en effet que la menace extérieure représentée par le profane, par « la réalité », pour laquelle sont offerts des sacrifices religieux, serait illusoire. Ce faisant, on choisit le second mode d'interprétation, celui qui est « inférieur » ou profane, et qui considère la conjuration de la menace extérieure comme une tromperie idéologique. Mais d'autre part, on affirme que cette illusion d'une menace par la réalité serait « nécessaire » dans la mesure où, loin de représenter l'invention malveillante d'un artiste ou d'un théoricien, elle est inévitablement produite par la culture elle-même[16]. L'auteur trompe, mais il est aussi lui-même nécessairement trompé. Si le héros de l'avant-garde classique était parfois représenté comme un malin génie transgressant les lois et les conventions de la culture afin de tester la capacité de résistance de cette dernière, ce qui est en question aujourd'hui, c'est plutôt le désir forcé de sortir du domaine de la culture valorisée, et cela sous l'influence de l'illusion — engendrée par la culture elle-même — d'un sens, d'un référent ou d'un être extra-culturel.

Et pourtant, de même que l'imitation de l'innovation ne se distingue en rien de l'innovation « authentique », le fantasme d'une destruction de la mémoire culturelle ne se distingue en rien du danger de sa destruction réelle. Lorsqu'on tient pour possibles une textualité infinie, un jeu infini de simulacres, un désir infini, une différence infinie et un processus interprétatif infini, n'ayant ni début ni fin, l'apocalypse se révèle en effet illusoire. Mais on peut également dire — et à meilleur droit — que toutes ces infinités sont elles-mêmes fantasmatiques. En d'autres termes, l'infinité de la textualité ou de la différence remplit la même fonction qu'autrefois la raison ou la subjectivité transcendantale : celle de protéger la culture de la destruction. Si la raison prétendait autrefois à l'évidence absolue, à une évidence qui ne serait menacée par aucune destruction de la culture, aujourd'hui le discours culturel affirme être lui-même une pareille force destructrice, déconstructrice et critique, à laquelle aucune réalité ne peut résister, pas même la réalité de la destruction profane. Mais dès lors, le discours sur la réalité finit par acquérir de nouveau une valeur et un statut plus élevés que la réalité elle-même.

Limites axiologiques culturelles
et inégalité sociale

Souvent, la relative stabilité des limites hiérarchiques entre la culture et le profane dans tout acte d'échange novateur est interprétée comme stabilité du système de l'inégalité sociale. Dans ce cas, la culture valorisée est identifiée à la culture des classes sociales privilégiées, et l'espace profane à la culture des classes opprimées[17]. Ce modèle de l'inégalité axiologique (Wertungleichheit) est bien connu, et on ne doit pas l'associer seulement au marxisme. Selon ce modèle, la culture dominante est la culture de la classe dominante, et elle reflète la vision du monde propre à cette dernière. Dès lors, les classes non privilégiées n'apparaissent pas dans l'archive de la culture, puisqu'elles sont opprimées culturellement par l'effet de certains mécanismes de pouvoir. Ainsi, à la culture de l'aristocratie ou de la bourgeoisie sont opposées des minorités culturelles, qui sont définies de manière très différente — selon les préférences de chaque théoricien. Pour démocratiser les archives culturelles, on devrait donc veiller à ce que ces minorités y soient représentées.

Par là, le rapport entre la culture valorisée et l'espace profane est naturalisé, ou plutôt défini sociologiquement. L'individualité culturelle est rendue indépendante de l'individualité naturelle, sociale, « humaine ». C'est sous cette forme politisée que survit de nos jours le vieux précepte romantique : « Deviens qui tu es ».

Ici, on peut tout d'abord remarquer qu'en elle-même, l'individualité est déjà le résultat d'une répression, d'une violence ou d'une restriction[18]. C'est pourquoi l'exigence d'une « libération de l'individualité » est paradoxale, dans la mesure où elle présuppose la suppression de toutes les restrictions et de toutes les différenciations qui constituent précisément l'individualité. Une individualité libérée cesserait automatiquement d'être individuelle. Toutes les tentatives visant à exposer l'archive culturelle comme un système destiné à représenter les différences naturelles ou sociales qui lui sont antérieures, s'empêtrent inévitablement dans des contradictions.

Toute initiation culturelle commence par élucider ce qui du point de vue culturel est privilégié, admis, doté de valeur et établi, ce qui est conservé et reproduit, et ce qui se trouve en dehors de la culture. Tous les membres d'une société, qui font partie d'une certaine culture, connaissent cette différence — même si tous n'en ont pas une connaissance également profonde. Ils savent tous que la culture est constituée de musées, de théâtres, de salles de concert, de bibliothèques ou d'universités, mais que tout le reste est « simplement la vie ». Bien entendu, il est plus facile à la partie la plus aisée de la société de devenir consommatrice de la culture valorisée et de s'y identifier. Mais cela ne signifie nullement que cette culture valorisée traditionnelle exprime de quelque manière la vision du monde, le goût ou les intérêts spontanés des classes privilégiées. Les représentants de ces classes trouvent devant eux la culture traditionnelle toute prête et se l'approprient par l'éducation et par l'instruction.

Quant aux classes non privilégiées, c'est bien entendu dans une moindre mesure qu'elles reçoivent une éducation de ce genre. Par conséquent, leurs coutumes culturelles se différencient elles aussi de façon plus nette des représentations et des normes valorisées. Cependant, elles n'ont pas conscience de cette différence comme d'un type culturel spécifique ; elles conçoivent plutôt leur pratique culturelle comme une « non-culture » ou comme une « culture partielle », comme une portion du chemin menant à la culture. Ainsi, celui qui ne sait pas encore bien dessiner ne considère pas, en principe, ses dessins ratés comme un type spécifique de dessin, qui du point de vue qualitatif équivaudrait à n'importe quel autre, mais seulement comme une tentative plus ou moins réussie de se rapprocher d'un idéal de dessin qu'il partage avec tout le reste de la société.

Pour concevoir la « non-culture » profane comme un type culturel spécifique, novateur, susceptible d'être placé sur le même plan que la tradition, on doit esthétiser de l'extérieur la pratique culturelle des classes sociales défavorisées, des peuples primitifs ou bien des personnes qui dévient psychiquement de la norme valorisée et, grâce à la stratégie de l'adaptation négative, l'opposer aux modèles traditionnels. Lorsque les différentes subcultures peuvent être élevées au niveau de la culture valorisée, cette représentation valorisée suscite en général — et ce n'est pas par hasard — une réaction nettement négative, surtout chez celles qui sont censées être représentées par ce moyen. Ainsi, si l'art avant-gardiste du début du siècle ne fut pas accepté par le grand public, ce fut d'abord parce qu'il élevait au niveau des valeurs culturelles les éléments de l'environnement quotidien que ce public, qui les manipulait chaque jour, considérait comme « non culturels » et qu'il cherchait dès lors à dépasser. Un artiste qui fixe le caractère profane de l'espace profane, son insipidité, sa banalité, son inaptitude à l'exécution, son indigence et sa primitivité, prive par là même le public de l'illusion qui lui est devenue la plus chère, celle qui lui fait croire qu'il pourrait se rapprocher de la culture valorisée telle qu'elle est recherchée, et met clairement en évidence son échec sur cette voie. C'est pourquoi l'art avant-gardiste, qui tenta de représenter dans le contexte valorisé les subcultures des classes sociales défavorisées, se vit fréquemment accusé de dénigrer ces subcultures. En effet, la représentation d'une subculture déterminée présuppose que la distance réelle qui la sépare de la culture valorisée — celle-ci apparaissant comme son idéal — soit accentuée. C'est seulement ainsi que peut être montrée l'altérité de cette subculture par rapport à la culture valorisée. De ce point de vue, le destin de l'avant-garde russe est particulièrement typique. Après la révolution, elle se vit récusée par les masses de travailleurs et de paysans qui l'accusèrent de les rabaisser, donc par ceux-là même dont elle entendait pourtant représenter la culture spécifique[19]. En effet, ce que voulaient ces masses c'était s'élever au-dessus de leur condition culturelle réelle et se placer sur le même niveau culturel que les classes privilégiées, qui venaient d'être renversées.

La critique avant-gardiste trouve souvent matière à moquerie dans les oppositions que les tentatives pour représenter la subculture des classes défavorisées soulèvent chez ces classes elles-mêmes, et elle y voit un symptôme de plus de leur inculture. Ce reproche est caractéristique. Il montre que ces classes, en adoptant une attitude négative vis-à-vis de la politique de représentation démocratique, qui semble pourtant ne viser que leur propre bien, n'ont pas tout à fait tort. En effet, pareille représentation les prive définitivement de leur chance propre d'accéder à la culture valorisée. Une position défavorisée dans la culture fait naître l'espoir de la dépasser. C'est pourquoi on entend souvent dire : « Je ne veux pas seulement voir ce qui existe déjà dans la vie ; je veux voir quelque chose d'autre, quelque chose de plus beau, de plus noble ». Or il se révèle tout à coup que cette culture valorisée à laquelle on aspirait n'en est plus du tout une, que tous les efforts étaient vains, puisque la valorisation du profane et la dévalorisation du culturel et du beau ont déjà eu lieu. Dès lors, le « petit homme » se voit définitivement privé de ses perspectives culturelles. L'Autre, c'est-à-dire la culture valorisée, s'est approprié sa propre pratique, de sorte qu'il n'aperçoit plus en elle que sa propre image, devenue étrangère, et qu'à présent il n'est plus en mesure de dépasser. Ainsi, des nouvelles modes culturelles qui naissent continuellement, qui réutilisent toujours les diverses choses et les divers signes des pratiques subculturelles défavorisées, seuls les agents de la culture valorisée tirent profit — car eux seuls se servent des pratiques subculturelles en en faisant quelque chose de nouveau dans le contexte valorisé et élitiste de l'archive culturelle. Néanmoins, ce fait n'est pas resté inaperçu. Ces derniers temps, quelques auteurs ont fait remarquer qu'il se pratique dans la culture actuelle une sorte d'exploitation esthétique des subcultures défavorisées[20]. Les couches sociales défavorisées ne sont pas seulement exploitées économiquement, socialement et politiquement ; elles le sont aussi culturellement, lorsque les choses et les signes de leurs pratiques culturelles sont utilisées pour des modes exclusivement culturelles, dont elles se voient elles-mêmes exclues. Cependant, ces réflexions se fondent à nouveau sur la conviction que les agents de la culture valorisée sont également ceux de la classe dominante.

Mais contre cette conviction parle, par exemple, le phénomène du nietzschéisme et toute la culture européenne « décadente » du tournant du siècle. Dans ce cas, c'est précisément la culture des classes dominantes qui fut valorisée, stylisée et esthétisée. Mais à cette fin, la subculture des privilèges sociaux dut tout d'abord être comprise comme une subculture décadente, dégoûtée de la vie, sans force, se tenant face à la culture dominante démocratique, libérale et profanatrice du dix-neuvième siècle. En d'autres termes, la subculture des classes privilégiées dut d'abord être elle-même reconnue comme culturellement défavorisée pour être ensuite valorisée. À y regarder de plus près, il se révèle donc que ce sont précisément les pratiques culturelles défavorisées qui sont les plus fécondes du point de vue culturel, parce qu'il est plus facile de les représenter comme de nouvelles pratiques. Et la subculture réelle des classes dominantes fait également partie des pratiques profanes qui doivent justement être valorisées au préalable.

L'échange novateur peut donc être interprété aussi bien comme une démocratisation, une libéralisation et une pluralisation de la tradition culturelle que comme une radicalisation de sa prétention élitiste. La première interprétation met l'accent sur le refus des critères et des normes fixes qui sont caractéristiques d'une culture traditionaliste. Dans la seconde interprétation, l'innovation est conçue comme une tentative pour prendre des distances vis-à-vis de la diffusion massive de la culture par l'éducation : au moment même où la grande tradition culturelle devient un bien général et où l'élite culturelle court le danger de se faire engloutir par la masse cultivée, cette élite fait le choix du profane et par là même regagne son exclusivité. Ces deux interprétations sont également pertinentes, et elles engendrent la tension et l'insécurité qui s'attachent nécessairement à toute innovation.

L'archive culturelle est gérée par des institutions qui viennent du passé et sont tournées vers le futur. C'est pourquoi ces institutions peuvent également passer, dans une certaine mesure, pour une garantie de transcendance historique. Mais le présent, lui, relève avec toutes ses classes, tous ses groupes et tous ses privilèges, de l'espace profane, et il sert uniquement de matériel à l'art valorisé. L'individualité dans la mémoire historique de la culture valorisée n'a que peu à voir avec l'individualité profane, et ne peut passer pour l'« expression » de cette dernière : le profane, « dominant » ou « opprimé », est d'emblée esthétisé, réduit et transformé, qu'il soit placé dans un rapport positif ou négatif, antagoniste, avec la culture valorisée.

Ainsi apparaissent comme agents de la culture valorisée tous ceux qui sont en mesure de satisfaire aux exigences formulées par la culture vis-à-vis de l'échange novateur. Ces agents peuvent appartenir aux classes sociales les plus diverses. Et, ce qui les caractérise tous, c'est une certaine forme de trahison envers leurs classes respectives. L'artiste et le théoricien sont des adversaires de la bourgeoisie porteuse des valeurs établies de la culture ; et pourtant, ils ne peuvent être identifiés aux autres classes sociales plus que ne l'exigent leurs stratégies d'appropriation et de valorisation. Même lorsqu'un artiste ou un théoricien utilise les choses et les signes du groupe social dont il est issu, il se détache toujours de ce groupe et acquiert la capacité de le considérer de l'extérieur. Son avantage consiste uniquement en ce qu'il connaît mieux que d'autres le matériel de base, et non pas en ce qu'il s'identifierait à ce qu'il manipule du point de vue esthétique. Au contraire, il devient ainsi doublement étranger à sa subculture originelle. Un écrivain issu de la couche du prolétariat et qui écrit un roman prolétarien cesse d'une double manière d'être un prolétaire. Un artiste issu du tiers monde et qui apporte de son propre pays l'« originel » et l'« Autre » sur le marché de l'art occidental considère déjà sa patrie avec le regard de l'agent culturel occidental[21]. Dans le contexte de sa propre culture, un artiste novateur se comporte toujours de manière critique, négative, offensante : il transcende ses limites et se construit une identité autre, étrangère, alternative. Mais placé dans le contexte d'une culture étrangère, l'artiste novateur commencera par valoriser sa propre culture en l'affirmant et en l'opposant à son nouvel environnement culturel[22].

L'échange incessant entre stratégies affirmatives et stratégies critiques signifie seulement que la culture n'est nullement la représentation immédiate de certaines classes sociales ou de certains groupes sociaux, mais bien plutôt que ces groupes s'articulent justement selon le tracé de la limite entre le valorisé et le profane. La naturalisation ou la sociologisation des hiérarchies culturelles se fonde sur la croyance fort naïve que le monde peut être décrit d'une manière neutre et extra-culturelle. Ce ne serait qu'à la lumière d'une description de ce genre que l'on pourrait étudier les classes sociales, ainsi que la manière dont elles se partagent le pouvoir et les privilèges. Cependant, toute description culturelle modifie la culture elle-même, qui, du fait de cette description, revêt un tout autre aspect après elle qu'avant elle. En effet, toute activité descriptive ou interprétative au sein de la culture modifie l'objet décrit d'une manière telle que celui-ci, après cette description — à laquelle il correspondait peut-être encore auparavant —, ne se laisse plus décrire de la même manière. La différence entre la culture valorisée et l'espace profane est donc aussi peu susceptible d'être stabilisée d'un point de vue sociologique que d'un point de vue métaphysique. La vérité de chaque description de la culture est incluse dans l'échange novateur, puisque la vérité est définie comme rapport à l'Autre, au profane, au réel. Par conséquent, la description de la société comme structure échelonnée et organisée selon une hiérarchie bien déterminée, et qui se subdivise en différentes classes et races, en différents groupes sociaux et sexuels, se révèle être déjà un fait culturel : la société ainsi décrite n'est plus profane — par cette description même, elle devient un artefact, une valeur culturelle. Le profane s'échange sans cesse contre la culture ; c'est pourquoi le profane est tout aussi peu que la culture une entité indépendante.

La pensée comme échange novateur

Dans les temps modernes, la pensée est conçue au moins depuis Descartes comme un principe neutre, qui se soumettrait toutes les hiérarchies axiologiques. Les convictions religieuses, la sagesse traditionnelle, les fondements du droit stipulés par la société, les normes éthiques et esthétiques passent pour être des contenus ou des modes de pensée tout autant que les affaires de la vie quotidienne, les stratégies de vie et les opinions profanes. Ce qui est important ici, c'est que la pensée est conçue comme un principe autonome, indifférent à ce qui est pensé et instaurant ainsi une égalité, sinon dans la réalité, du moins en elle-même, entre des choses traditionnellement considérées comme inégales.

Mais comme on l'a montré plus haut en prenant l'exemple des interprétations de l'échange novateur, la pensée, loin d'être un processus uniforme, homogène, neutre, est constituée de deux opérations distinctes. Que toutes deux soient désignées du nom de « pensée » ne fait que dissimuler leur hétérogénéité. Ces deux opérations sont, là encore, la dévalorisation de ce qui est doté de valeur et la valorisation de ce qui est dénué de valeur. Lorsque des valeurs traditionnelles et faisant autorité sont pensées, cela signifie qu'elles sont dévalorisées, car elles deviennent ainsi de « simples pensées ». Lorsque des phénomènes dénués de valeur, profanes, quotidiens, sont pensés, ils sont ainsi élevés au rang de « pensées », leur valeur s'accroît, ils se trouvent valorisés. Par conséquent, penser ce qui a une valeur culturelle et penser le profane sont deux démarches fondamentalement distinctes, que l'on ne devrait en vérité pas homogénéiser en leur donnant le même nom.

D'ordinaire, pour conférer à la pensée une homogénéité, on s'ancre dans des principes qui transcendent la culture : dans le moi, dans la subjectivité transcendantale ou phénoménologique, dans l'esprit absolu ou bien dans différents systèmes de logique formelle. Cependant, ces tentatives pour fonder la pensée, ainsi que d'autres du même genre, ne peuvent être justifiées par la pensée elle-même : à l'instant même où elles seraient pensées, elles seraient dévalorisées. C'est donc en dernière instance que la pensée n'est pas en mesure de se fonder elle-même. Mais si l'on reconnaît que la pensée n'est pas un procédé neutre et homogène, mais un procédé hétérogène, accompli sous la forme de l'échange novateur, il n'est pas du tout requis de fonder de surcroît la pensée par le moyen d'un principe qui aurait son règne en dehors de la culture. La pensée est suffisamment justifiée par le seul fait qu'elle obéit à la logique de l'économie culturelle. En un certain sens, tout échange novateur répète tous les autres événements d'échange novateur ; dès lors, il n'est pas lui-même original, même s'il produit du nouveau. N'étant pas original, l'échange novateur n'exige pas non plus d'être spécifiquement fondé.

Lorsque Descartes proclama le primat de la pensée, qu'il concevait sous la forme du doute méthodique, il dévalorisa le savoir sacré traditionnel et valorisa le nouveau type de savoir physico-mathématique, qui occupait auparavant un rang inférieur dans la hiérarchie axiologique. Là-dessus se constitua un nouveau domaine du profane, accueillant l'ensemble des représentations culturelles traditionnelles de tous les pays et de tous les peuples, qui, du point de vue des Lumières, apparaissaient comme de curieux égarements. Cependant, à la suite de cette dévalorisation totale, les anciennes formes culturelles de pensée purent être revalorisées, en tant que témoignages historiques. Alors apparut l'historicisme hégélien, pour lequel même des opinions fausses du point de vue de la science positive acquéraient une valeur par le fait qu'elles représentaient des formes de pensée historiquement nécessaires.

La critique ultérieure du concept de la pensée qui avait été celui des Lumières aussi bien celui que de l'historicisme est liée au concept nouvellement apparu d'inconscient. Désormais, on cherchait à ancrer la pensée dans un domaine que la pensée elle-même n'était plus en mesure de penser, car on avait déjà acquis la certitude que la pensée dévalorise inévitablement tout principe élevé dès lors qu'elle commence à le penser. Par conséquent, l'inconscient est ici conçu sous la forme d'une réalité occulte. Cette réalité n'est plus décrite comme se donnant à reconnaître dans la pensée, non plus que comme identique, présente et donnée, mais comme occulte, absente et autre, comme différence. Néanmoins, l'inconscient lui-même, dès qu'il eût supplanté la pensée, commença à fonctionner comme cette dernière, à savoir précisément comme échange novateur.

Ainsi Nietzsche admet-il que la pensée est hétérogène et qu'elle a deux sources fondamentalement distinctes — les formes de vie nobles, dotées de valeur, et les formes de vie inférieures, dénuées de valeur. Avoir constaté cette hétérogénéité interne de la pensée est le grand mérite de Nietzsche[23]. Mais tandis que Nietzsche considère la pensée comme hétérogène, il voit la « vie » comme homogène, comme universelle volonté de puissance. Chez lui, la « vie » prend la succession de la pensée. En faisant appel à la « vie », Nietzsche dévalorise les valeurs chrétiennes, démocratiques et libérales de son époque et valorise les formes de vie aristocratiques, décadentes, marginales, qui constituaient alors une partie du profane. Par conséquent, la vie se présente chez Nietzsche comme le sosie de la pensée, et elle devient le résultat de l'échange novateur entre les formes de pensée rationnelles, normatives, et les formes de pensée déviantes, extra-logiques, liées à l'expérience de l'extase ou de l'oubli de soi et considérées comme profanes dans la conception classique de la pensée[24].

Chez Freud, ce rôle est joué par le concept de libido, qui dévalorise les formes de pensée classiques, logiquement liées, en les décrivant comme obsessionnelles ou ratiocinantes, comme un phénomène d'auto-défense psychique. Simultanément, les formes profanes que constituent le langage de tous les jours et le comportement sexuel déviant sont valorisées, en tant que clés pour l'exploration de la vie inconsciente. Les théories de l'inconscient linguistique fonctionnent de la même manière. La pensée rationnelle y est désormais une forme linguistique parmi beaucoup d'autres, de sorte qu'elle est dévalorisée, alors que des formes linguistiques « irrationnelles » sont valorisées, parce qu'elles permettent de mieux voir le travail du langage en tant que tel. Chez Marx, c'est l'inconscient économique qui dévalorise la culture traditionnelle — dont il fait une dissimulation idéologique de l'exploitation économique —, et qui valorise le prolétariat en tant qu'incarnation du principe même de la production économique.

C'est ainsi que les diverses théories de l'inconscient, qui constituent elles-mêmes des formes de l'échange novateur, assument le rôle traditionnellement joué par la pensée. Chacune d'elles contient simultanément deux couches axiologiques, qui renvoient aussi bien à la tradition culturelle qu'au profane. Le langage, la libido, l'économie ou la vie se virent attribuer le statut de l'inconscient, car tous ces concepts semblaient à première vue plus réalistes que la « pensée », à laquelle on reprochait d'être « immatérielle » et « irréaliste ». Mais, en même temps, ces concepts ont acquis au cours de leur transformation en inconscient l'universalité dont seule la pensée disposait auparavant, et ont par là même perdu leur dimension profane et « réaliste ». Bien entendu, il se produisit immédiatement avec l'inconscient la même chose qu'auparavant avec la pensée. L'appel à l'inconscient commença inévitablement à dévaloriser les principes mêmes grâce auxquels on s'efforçait de le fonder. L'inconscient linguistique dévalorisa le langage en en faisant une pratique extérieure ; son domaine propre devint le silence[25]. La libido détruisit la représentation convenue de l'Éros : chez Freud, la haine et la répulsion devinrent elles aussi des manifestations de la libido. Le prolétaire avait désormais le pouvoir. La forme de vie la plus élevée était à présent la mort héroïque. L'évidence phénoménologique, l'*aletheia*, devint chez Heidegger l'obscurité de l'occulte. Par conséquent, l'inconscient — comme avant lui la pensée — perdit peu à peu ses traits caractéristiques.

À notre époque, nous vivons manifestement la fin de l'histoire et de la pensée : à la suite de Heidegger et sous son influence, on ne cherche plus l'inconscient dans le « réel », mais dans l'absence, dans l'Autre, dans le ce-qui-se-dérobe-sans-cesse-à-toute-saisie-conceptuelle. Cependant, l'appel à l'Autre et à l'occulte par-delà la culture est assurément toujours métaphysique. Il l'est indépendamment de la question de savoir si l'on admet ou non la possibilité que l'Autre se manifeste dans la culture. La destruction ou la déconstruction de la tradition métaphysique a ceci de caractéristique qu'elle est décrite exactement de la même manière que la figure platonicienne, métaphysique, de la remémoration de l'au-delà de la mémoire culturelle valorisée[26]. Platon parvient à accomplir cette remémoration, tandis que pour Heidegger elle n'est possible que comme remémoration de l'oubli de l'Être — qui demeure néanmoins valorisé par rapport à l'oubli de cet oubli. En tout cas, Heidegger conçoit la remémoration de la réalité extra-culturelle en soi comme un dépassement de la culture, quand bien même cette réalité serait l'occulte qui se dérobe[27]. Mais par là, Heidegger ne fait que réintroduire le profane dans la tradition culturelle, ce qu'indique du reste toute sa terminologie : ennui, déréliction, souci, résolution.

Chez Derrida, la Différence et la Textualité jouent le rôle qui était autrefois dévolu à la pensée. Tout discours sur la présence, de quelque école qu'il soit, est dévalorisé et déconstruit, mais également valorisé à la suite de cette déconstruction — désormais en tant que discours sur la non-présence[28]. Par conséquent, ces discours valorisent par une lecture déconstructive tout ce qu'auparavant ils n'avaient pas thématisé en tant que relevant du pur profane. Désormais, c'est justement dans des métaphores et dans des formes grammaticales anodines que l'on recherche les traces de l'Autre. Ainsi, l'Autre se révèle là aussi être le profane valorisé, qui ouvre la perspective d'un travail infini de déconstruction parce qu'il ne se laisse subsumer sous aucun concept culturel.

Nombre d'auteurs de notre époque parlent du désir infini, du discours infini, du dialogue infini, de l'infinité des interprétations, du sublime infini, etc. Comme autrefois, toutes ces infinités jouent le rôle traditionnel de dévaloriser ce qui est doté de valeur et de valoriser ce qui est dénué de valeur et déviant, puisque vis-à-vis de l'infini il ne peut bien entendu exister aucune inégalité. C'est seulement, désormais, aux conjurations intra-culturelles de l'occulte et de l'Autre, et non plus à l'infiniment occulte, que nous avons encore réellement affaire — avec les discours concrets de Derrida, Deleuze, Lyotard ou Baudrillard, qui valorisent différents domaines du profane. Si ces discours sont efficaces et productifs du point de vue culturel — et ils le sont indubitablement — ce n'est là encore que parce qu'ils obéissent à la logique de l'échange novateur, propre à l'économie culturelle.

Le fait qu'à toute pensée fasse défaut une garantie extérieure signifie qu'à tous les niveaux elle est exposée à un risque, qu'on ne peut lever par aucune vérité définitive et pas davantage en faisant appel à l'infinité des commentaires, des interprétations, des discussions et des investigations, puisque l'événement de la pensée est toujours fini. Ce risque est inévitable, mais en aucun cas il n'est seulement négatif : il conditionne également l'intensité et le charme de la pensée. Le risque principal que la pensée ne cesse de courir, c'est tout simplement de ne plus être novatrice et de devenir ennuyeuse. Au moment où un discours est passionnant et novateur, il est également vrai, parce qu'il se rapporte alors au profane, à l'extra-culturel, à l'Autre. La pensée vraie est de l'ordre de l'événement (ereignishaft) — et passe avec le temps.

Un discours qui est encore vrai, n'est plus vrai à l'instant même où il est rendu public. Car exactement à cet instant, il cesse de renvoyer au profane, auquel il permet de ne plus être profane, mais d'être culturellement valorisé. C'est seulement en renvoyant au profane que le discours vrai modifie le statut de ce dernier et la position qu'il occupe vis-à-vis de la limite culturelle. Par là devient possible un nouveau discours vrai, qui décrit un nouvel aspect de cette limite et qui, de ce fait même, la modifie à nouveau, en quoi il ouvre la voie à la prochaine description vraie, etc. Par conséquent, le fait qu'aucune description vraie ne puisse être définitive ne tient pas à ce qu'elle échoue constamment, mais au contraire à ce qu'elle réussit d'une manière relativement fréquente. Une description vraie réussie modifie le tracé de la limite entre le valorisé et le profane ; et en réussissant, elle se prive elle-même de sa vérité.

Généralement, la vérité est conçue comme un signe désignant de manière adéquate une réalité donnée. Tout signe renvoie à la réalité en même temps qu'il la dissimule, s'y substitue et dissimule sa non-présence. Si le signe dévoile complètement la réalité, la rend évidente et manifeste, il peut alors passer pour être la vérité pleine et entière. S'il dissimule complètement la réalité de son propre fait, il devient son masque ; c'est un simulacre et une illusion totale. La métaphysique classique s'orientait vers la pleine découverte de la vérité et vers le plein accord du signifiant avec le signifié. Pour les théories d'inspiration critique du post-structuralisme, pareil signifié transcendantal, ainsi que l'accord avec lui, est une illusion engendrée par le jeu des signifiants, qui ne cessent de renvoyer les uns aux autres. Mais en tout cas, le rapport entre la culture valorisée et le profane, entre la conscience et l'Autre, est conçu comme un rapport de signification (signifikatives) — indépendamment de la question de savoir s'il fonctionne ou non.

Cependant, la signification entendue de manière sémiotique ne constitue qu'une variante de la limite axiologique entre la culture et le profane. Tantôt c'est le signifié, c'est-à-dire le profane, qui se voit attribuer une valeur élevée ; tantôt c'est le signifiant, c'est-à-dire la culture. Mais lorsque les choses du monde profane parviennent dans le contexte culturel, elles cessent d'être des signifiés, pour devenir des signifiants. Par là, la fameuse perspective sémiotique est réfutée : au sein de la culture se relaient sans cesse différents systèmes de signes, c'est-à-dire des idéologies, des langages, des systèmes artistiques et des visions du monde, mais le « monde », ou la « réalité », demeure toujours le même, ou bien se dérobe sans cesse. En revanche, du fait qu'elle est échangée contre des signes de la culture, la réalité se modifie de manière permanente. La dualité du signe tient à ce qu'il comporte un aspect culturellement valorisé, et donc désigne quelque chose, en même temps qu'il est une chose profane, et donc ne désigne rien. Selon les époques, c'est tantôt un aspect tantôt l'autre qui est actualisé. Pour la théorie post-structuraliste, le signe reste toujours un signe — même lorsque le désignant (das Bezeichnende) se dérobe. Mais un signifiant qui a perdu son signifié devient une simple chose profane. Il ne désigne plus rien ou, pour le dire autrement, il devient la réalité elle-même.

Un objet culturel doté de valeur est signifiant (bedeutend), important, exposé. Mais il n'est pas signifiant parce qu'il a une signification (Bedeutung) au sens sémiotique du mot, c'est-à-dire au sens où il désignerait quelque chose d'extra-culturel. Avoir une signification significative (eine signifikative Bedeutung) n'est pas un motif pour être signifiant (bedeutend). Bien au contraire : c'est lorsqu'un objet est doté de valeur et signifiant qu'on lui attribue une fonction significative « profonde » ou « élevée ». Mais une signification significative ne constitue pas une distinction particulière : désigner (bezeichnen) quelque chose est parfaitement trivial, banal, profane. Des choses culturelles qui sont dotées de valeur, réellement signifiantes, ne désignent rien à proprement parler — elles ont leur propre valeur. Il arrive souvent que des textes ou des choses profanes soient valorisés précisément parce qu'ils sont absurdes, dénués de tout sens et de toute signification au sens sémiotique. C'est seulement *post factum* qu'on les imagine propres à désigner l'Autre de la culture, l'inconscient, l'ineffable — ce qui à proprement parler revient déjà à les profaner.

Dans les théories de l'inconscient, l'interaction entre la culture et l'espace profane prend parfois le caractère d'un combat mythique. Marx décrit la manière dont la réalité engendre des illusions idéologiques dans la conscience afin de rester inaperçue et de poursuivre sa sombre affaire d'exploitation de l'homme par l'homme. Par la suite, Nietzsche et Freud développeront des théories analogues à partir de matériaux différents. Cependant, eux non plus ne remarquent pas qu'en valorisant l'inconscient ils dévalorisent le conscient, et qu'ils le laissent derrière eux comme terre brûlée et profanée de la culture traditionnelle. Heidegger décrit de manière plus parlante encore le combat entre la culture et le profane, qu'il qualifie d'Être. Il forge tout un mythe de l'Être où celui-ci, en tant qu'il s'occulte, s'occulte précisément à l'instant où il se dévoile, en tant qu'il laisse derrière lui des traces et en même temps les efface, tout en laissant ces traces derrière lui par cet effacement même, etc. Selon Derrida, l'écriture suit des détours analogues — voire encore plus complexes. Ici, la volonté, le désir, la vie, l'inconscient, l'être, le texte, etc., se voient munis de forces magiques et d'une activité sournoise. Ils agissent dans l'ombre contre l'homme et livrent un combat complexe, habilement mené sur le plan tactique et stratégique, contre la culture et la pensée. En fin de compte, même la quête de la vérité se révèle être une fausse trace que l'Autre laisse derrière lui afin de mieux dissimuler sa propre absence. Bien entendu, ces images de combat sont bien plus dramatiques, intéressantes et fascinantes que le spectacle d'un progrès monotone avançant selon une trajectoire fixe vers un but immobile. Voilà pourtant qui provient là encore de la limite séparant la culture et ses valeurs reconnues du profane. C'est seulement en vertu de cette limite que la culture et l'Autre se relaient continuellement et jouent de la sorte un jeu complexe de déguisement.

La théorie de l'échange novateur proposée ici a au moins l'avantage de n'engendrer aucune mythologie. À chaque fois, la culture et son Autre sont à nouveau distingués. Entre eux, il n'existe aucune distinction naturelle et fixe. À chaque fois, nous trouvons devant nous le monde hiérarchiquement scindé entre la culture valorisée et l'espace profane. À chaque fois, nous tentons de faire fonction de médiateurs entre l'un et l'autre et de dépasser leur scission. Et à chaque fois, cette tentative de médiation a pour effet de modifier la limite entre la culture et l'espace profane, sans toutefois jamais la supprimer. Le profane est pensé et esthétisé dans le prolongement de la tradition culturelle elle-même. En effet, notre pensée accède à chaque fois au profane, mais à chaque fois, de ce fait même elle modifie la réalité, pour la laisser différente de ce qu'elle était à l'instant où notre pensée l'a pensée. Si la pensée était homogène et neutre, elle aurait dépassé la scission entre la culture et la réalité. Si la pensée n'était qu'un programme culturel, elle n'aurait produit que de la culture. Mais puisque l'événement de la pensée est hétérogène, il n'est pas seulement vrai, mais toujours également répressif et violent, et engendre toujours un nouveau profane, un nouvel Autre, une nouvelle réalité, à partir des signes dévalorisés de la culture, lesquels peuvent désormais servir eux-mêmes de matériau à la pensée et par là même à une prochaine innovation.

L'auteur

Mais tout ce qui a été dit jusqu'ici ne répond pas encore suffisamment à une question centrale : qui donc accomplit l'innovation ? Qui initie l'échange novateur ? Bien entendu, ce ne peut être le sujet de la philosophie classique qui, comme l'indique le seul nom de « sujet » (« Sub-jekt »), se dissimule sous l'activité culturelle et relève dès lors du profane qui doit commencer par être valorisé. Mais pour des raisons analogues, il ne saurait s'agir davantage des forces impersonnelles de la nature, de celles de l'inconscient ou de la matière — qui exigent elles aussi d'être préalablement valorisées.

À la question posée, on pourrait répondre de manière assez triviale : l'auteur, si la position d'auteur (Autorenschaft) n'était pas si controversée dans la pensée de notre époque. Chacun garde en mémoire la phrase de Foucault sur la mort de l'homme en tant qu'instigateur de la pensée, de la création et de la culture[29]. Pour Heidegger c'est la langue elle-même qui parle, nullement un locuteur concret. Le locuteur s'efforce de donner à ses mots une signification déterminée et d'« exprimer » ce qu'il « veut dire[30] », mais le langage ne lui obéit pas. Un individu ne peut se rendre maître du langage, ne peut conférer aux mots des significations personnelles, arbitraires, pas plus qu'il ne peut complètement décrire, comprendre et maîtriser le jeu sémantique du langage. Le langage est infini et ne peut être décrit par une sémantique finie, contrairement à ce que supposait le structuralisme classique. Tout locuteur est encastré dans le langage ; le langage s'articule dans celui qui parle, et non celui qui parle dans le langage.

Cependant, d'après la théorie post-moderne, même ce que le locuteur considère comme ses « pensées » ou ses « opinions », ce qu'il veut exprimer, n'est pas sa propriété personnelle. À travers l'homme, ce sont le corps, le désir, l'inconscient de classe et de race qui pensent, parlent et écrivent. La pensée de l'individu se noie dans l'océan des jeux de langage, qui ont certes un caractère collectif et social, mais ne peuvent être contrôlés par aucune collectivité finie. Cela voue également à l'échec tout projet socialiste totalitaire. Tous les projets de ce genre véhiculent des tensions inconscientes, corporelles et érotiques dont ils veulent triompher, et se dissolvent dans le jeu infini du langage, de l'écriture et de la textualité. Il ne s'agit pas du fait que les pensées, les opinions et les jugements de l'individu sont susceptibles d'être faux, mais de ce que, loin d'appartenir d'une quelconque manière à cet individu, ils constituent une partie d'un jeu sans cesse en développement, celui des différences, par rapport auquel les concepts de vrai et de faux perdent tout sens. Rien ne peut être exactement répété et imité. En ce sens, la différence garantit automatiquement la réalisation créatrice et l'élément novateur que comporte tout geste, même lorsque ce dernier est « subjectivement » orienté vers la répétition d'un modèle traditionnel. Pourtant, dans la même mesure, rien ne peut être réellement « original », car toute expression et tout texte ne représentent qu'un instant dans le jeu infini du langage, et cet instant ne peut prétendre se séparer du jeu, ni par conséquent le maîtriser.

Abstraction faite de la force de ses arguments théoriques, la pensée anti-individualiste de notre temps telle qu'on vient de l'esquisser suscite une approbation spontanée, puisqu'elle formule en langage théorique une expérience fondamentale pour la civilisation actuelle. Dans cette civilisation, dont il est manifeste qu'elle n'est plus susceptible d'être contrôlée par une conscience humaine du fait de ses dimensions, de sa complexité et de sa spécialisation, toute prétention individuelle semble en vérité risible et naïve. Dans cette civilisation, nul langage ne peut plus être monarchiste, souverain, législateur et faire autorité au sens traditionnel. Cependant, la défaite de l'homme dans la civilisation actuelle ne suscite auprès des contemporains aucune protestation particulière. Tous gardent en mémoire la prétention de nombreux individus et de nombreux groupes sociaux à posséder en dernière instance la vérité, et ne savent que trop bien jusqu'où peut conduire cette prétention. Du point de vue de la critique théorique, non seulement l'individualité souveraine de la philosophie classique ne trouve aucune justification, mais de plus elle n'éveille aucune sympathie morale. C'est pourquoi cette tendance de la pensée contemporaine, qui se trouve exprimée de la manière la plus générale et la plus conséquente dans la philosophie française du post-structuralisme, paraît au premier abord si convaincante.

Du reste, la philosophie classique ne croyait pas non plus qu'un individu fût susceptible de parvenir à la vérité absolue par son seul entendement fini et individuel. Elle ancrait la vérité dans l'infini — dans l'idée, dans la raison, dans l'esprit absolu, dans la subjectivité transcendantale ou phénoménologique, dans la logique pure, etc. —, auquel la raison individuelle finie ne participait que de manière restreinte. Reste que cette participation de la raison humaine finie à un principe infini était tenue pour possible, de même que la validité de certains critères permettant de reconnaître cette participation. Dans la mesure même où la participation du fini à l'infini se trouvait reconnue, la pensée individuelle concrète gagnait en autorité.

C'est sur ce point précis que la pensée moderne amorça sa critique de la philosophie classique. L'existence humaine fut reconnue comme radicalement finie, et on déclara que la dimension infinie de la conscience ou de la raison humaine était un fantasme idéologique destiné à stabiliser les instances du pouvoir. Car, disait-on, c'est seulement en faisant appel à la dimension infinie de sa propre pensée que l'individu a pu assurer sa domination sur la nature et sur la société. De son côté, la critique de l'idéologie s'efforça de montrer que tout homme est radicalement limité par la position qu'il occupe dans la société, par sa place dans le langage, par la structure de son inconscient et par la nature particulière de

173

son désir, et que dès lors personne ne peut prétendre à une quelconque infinité. La finitude radicale de l'homme et la lutte contre la prétention de la raison humaine à l'infinité sont le thème constant de toute la philosophie critique des modernes. C'est évident chez Marx, Kierkegaard, Nietzsche et Freud. Chez Heidegger, l'argument principal vise la pensée technicisée actuelle, en tant qu'elle conduit à l'oubli de la différence entre l'être et l'étant, cette différence étant ici entendue comme l'indication la plus générale de la finitude.

Sur le fond de cette argumentation fondamentalement critique contre la métaphysique classique, il semble particulièrement étrange — en même temps que très caractéristique — que cette critique, comme on l'a dit, parle elle-même sans cesse de l'Infini : du désir infini, de la corporéité infinie, de l'infinité de l'interprétation, de l'écriture, de la textualité, de la déconstruction, du rire et de l'ironie. Si on lit la philosophie critique de Nietzsche jusqu'à Derrida, on remarque qu'elle représente la vie, le langage, l'être, le corps, le texte et la mort même, comme se riant infiniment de la prétention de la philosophie à l'infinité et à la vérité — en quoi le philosophe individuel ne peut être qu'une instance de ce rire infini. Par conséquent, ici comme autrefois, le philosophe participe d'une manière finie à un processus infini — à cette différence près qu'il ne s'agit plus désormais de la quête infinie de la vérité, mais de la déconstruction infinie de la prétention à la vérité. Un texte de Derrida ne veut pas être écrit par l'auteur lui-même et ne veut même pas avoir d'auteur du tout. Il veut simplement montrer de quelle manière le texte qui doit être analysé et déconstruit s'embrouille dans ses propres métaphores, de quelle manière il n'est pas en mesure d'assumer sa propre prétention et se dissout dans le jeu infini des différences[31].

Ainsi voyons-nous que la figure fondamentale de la critique actuelle ne se distingue pas essentiellement de celle de la pensée classique. Dans les deux cas, cette figure fondamentale n'est autre que la participation du fini à l'infini. Si les travaux des critiques actuels nient avoir pour origine un auteur, ce n'est nullement par modestie, mais seulement en vue de se présenter pour ainsi dire eux-mêmes comme des manifestations particulières des forces infinies de l'inconscient. C'est dans un but analogue que les philosophes des époques antérieures niaient être les auteurs de leurs propres pensées et qu'ils attribuaient celles-ci à l'inspiration de Dieu ou à celle de la nature, à la voix de la raison, à la contemplation d'une Idée et à d'autres choses semblables. La critique actuelle parle de combattre toute prétention à la vérité, toute autorité, tout pathos moralisateur et répressif, toute tradition et toute institution de pouvoir, sans proposer en échange aucune nouvelle vérité spécifique — ce qui veut dire, pour ce qui est de cette critique même : nulle valeur nouvelle. On fait généralement passer ce refus d'affirmer une valeur propre pour le signe d'une modestie particulière. Mais en pratique, toute prétention à la vérité s'expose inévitablement à la critique et à l'examen, et met par là l'auteur en danger. Cependant, si l'auteur n'entend pas être novateur, mais fait fonction d'instance d'une critique exercée par la vie, le texte, le langage, l'inconscient ou le désir, il se démet de toute responsabilité — car il est malaisé d'exercer une critique envers la vie elle-même.

Ici, le rôle magique est joué par le concept de fragmentaire, qui s'est substitué au concept antérieur d'exemple. Auparavant, pour réfléchir, on donnait un exemple. La méthodologie de cet exemple devait ensuite être appliquée à d'autres cas analogues. Par la suite, on critiqua à juste titre cette pratique, en lui reprochant d'ignorer la spécificité de chaque cas particulier. Aujourd'hui, la critique est exercée de manière fragmentaire, dans des aphorismes, des fragments ou des « textes ouverts », et doit pour ainsi dire continuer à être écrite dans le même esprit. Par là se trouve nié comme auparavant le caractère fermé, fini et mortel de tout texte, de tout corps et de tout désir. Par exemple, nul ne peut continuer la déconstruction telle que Derrida la pratique : elle est trop brillante, trop originale, trop idiosyncrasique, trop finie et trop mortelle. Les textes déconstructeurs, qui, très modestement, n'entendent que mettre en évidence sur le mode fragmentaire le travail de l'inconscient textuel, sont en réalité des mises en scène brillantes et foncièrement individuelles, associant des choses qui d'ordinaire ne sont pas associées dans la culture. Ces associations sont surprenantes, riches d'enseignements et novatrices ; mais elles ne mettent nullement en évidence l'inconscient linguistique ou textuel « en soi ». Elles ne prennent sens qu'à l'intérieur des textes de Derrida lui-même. Un interprète concret lit toujours un texte de manière alternative et « différente », et son interprétation ne peut passer pour n'être qu'un exemple parmi un nombre potentiellement infini d'interprétations possibles. Tant que ces interprétations ne sont pas effectivement réalisées, il est impossible de dire si elles sont possibles ou non.

La philosophie critique ôta à la raison, à l'esprit et à l'idée le statut axiologique de l'infinité et ce faisant les dévalorisa. Mais du même coup, elle attribua au corps, au désir et au texte le statut de l'infini et ce faisant les valorisa. La philosophie classique, en la personne de Hegel, supposait qu'une valorisation sans dévalorisation était possible et que l'on pouvait pénétrer l'ensemble du monde profane grâce à la philosophie. Aujourd'hui, la théorie critique suppose qu'une dévalorisation sans valorisation est possible et que l'on peut rire de tout, ironiser sur tout et tout déconstruire sans en même temps valoriser quoi que ce soit. Mais en pratique, c'est ce qui se révèle impossible. Pour s'en convaincre, il suffit de voir le triomphe phénoménal que connaît la théorie critique grâce aux institutions, son succès commercial, ainsi que la carrière philosophique des concepts et des méthodes qu'elle a introduits. De son côté, Bakhtine a montré à partir de l'exemple de Freud que ce que la psychanalyse fait passer pour la voix de l'inconscient n'est autre que la voix du médecin ou de l'analyste[32]. Pareille constatation ne signifie pas que les méthodes et le discours de la psychanalyse doivent être récusés, mais seulement qu'ils portent la marque de leur auteur et qu'ils ont un caractère privé. Ce qui est en jeu avec eux, c'est uniquement la mise en scène artificielle et finie de leur auteur, et jamais le travail de l'inconscient lui-même.

C'est précisément ce caractère privé, purement humain, de tout discours théorique que la philosophie classique se refusait à reconnaître. Mais la nouvelle théorie critique s'y refuse tout autant. Dans sa lutte contre la position d'auteur, qu'il conçoit comme autorité, le criticisme post-structuraliste accomplit une sorte de socialisation (Vergesellschaftung) du langage, du texte et du corps. Il réquisitionne pour ainsi dire la propriété privée du locuteur ou de l'écrivain individuel. Cette stratégie de socialisation a également, entre autres, un caractère politique, qui remonte à l'idéologie socialiste classique : pour la théorie critique, le langage est tout aussi impersonnel que le sont la terre et l'air pour la doctrine socialiste. L'erreur fondamentale que toutes deux commettent est de se refuser à voir que la socialisation du langage ne conduit pas seulement à l'échec du discours individuel dominant, des instances de pouvoir et de l'idéologie monarchiste, souveraine, impérieuse, mais également à celui de tout discours individuel, lequel n'aspire pas au pouvoir, mais uniquement à mener une vie paisible et libre sur le territoire limité qu'il a lui-même arraché à la société. La théorie critique ne veut pas d'une vie paisible de ce genre pour le discours privé ; elle préfère lui confisquer son territoire privé, elle le déclare propriété publique et se gausse des efforts de l'individu pour affirmer son propre espace linguistique. Mais de fait, le territoire linguistique ainsi retiré ne passe pas dans l'usage public ; il relève désormais de la théorie critique elle-même, qui l'administre au nom de l'absolument Autre et de l'occulte.

De fait, la question de l'auteur n'admet pas de réponse si l'on met ses œuvres en rapport avec le profane, la réalité, le réel. Le profane est indéterminé — il est tout simplement dehors. On peut aussi bien dire qu'il est fini ou infini, chaotique ou structuré comme un texte. Mais si l'on considère l'œuvre dans le contexte d'une archive culturelle finie, on peut alors parler de manière sensée de son auteur fini et de ses stratégies : pratique-t-il une adaptation positive ou négative à une tradition déterminée, ou encore un mélange des deux ? Ou bien s'efforce-t-il de réinstaurer un lien entre des traditions différentes ?

La question de la valeur de l'œuvre est celle du rapport qu'elle entretient avec les modèles traditionnels, et non pas avec le profane extra-culturel. En d'autres termes, ce n'est pas la question de sa vérité ou de son sens. Ce n'est pas la vérité qui fonde la valeur ; c'est la valeur d'une œuvre qui rend en même temps intéressant le rapport qu'elle entretient à la vérité. Seule la signification (Bedeutung) culturelle de cette œuvre attire l'attention sur sa signification signifiante (signifikante Bedeutung) en tant que renvoi au signifié extra-culturel. Ce n'est pas la croyance en la capacité d'un certain signifiant à désigner la réalité mieux que tous les autres qui introduit l'inégalité parmi les signifiants ; cette inégalité est antérieure à toute question portant sur la vérité. C'est pourquoi le doute à l'égard de la signification (Signifikation) et le retrait de l'Autre n'ont pas pour effet de supprimer les limites hiérarchiques.

Reconnaître la valeur de l'auteur ne revient pas non plus à lui octroyer une place privilégiée au sein du profane, un accès privilégié à la réalité extra-culturelle, une position dominante dans la culture ou une personnalité exceptionnelle, géniale. Cela revient bien plutôt à le considérer comme indispensable pour la continuation de la tradition culturelle. Nous ne sommes pas en mesure de prouver que le profane est homogène et qu'il peut être représenté dans son intégralité par un seul auteur. Mais nous ne sommes pas non plus en mesure de démontrer que le profane, en tant que culture, texte, système de signes, est toujours déjà hétérogène et structuré, de sorte que dans son rôle de médiateur entre le culturel et le profane, l'homme serait complètement superflu. L'auteur est agent de la tradition en même temps qu'agent de l'innovation. Ce rôle, tel qu'il lui revient dans la stratégie de l'économie culturelle, le définit de manière suffisante. Au-delà et en dehors de ce rôle, la question « qu'est-ce que l'homme ? » n'est pas pertinente pour la compréhension de la position culturelle de l'auteur.

Cependant, la continuation de la tradition sous la forme de l'échange novateur ne peut se prévaloir d'aucun équivalent fixe. Certes, l'innovation est toujours d'abord, comme on l'a montré plus haut, une répétition de la tradition. Dans une certaine mesure, cette stratégie novatrice qui se répète peut donc jouer elle-même le rôle d'équivalent de l'échange novateur. Mais par là n'est pas déterminé ce qui dans chaque cas particulier peut ou doit être échangé, pas plus que les modalités de cet échange. Tout échange novateur exige une décision et comporte un risque irréductible. Ici, l'auteur est celui qui assume ce risque. C'est pourquoi l'économie culturelle n'est pas identique au marché, si ce dernier est conçu comme un système : dans l'économie culturelle, ce qui a lieu d'abord est l'échange, et ce n'est qu'ensuite que l'équivalent de cet échange est défini, accepté ou refusé.

Par conséquent, aucun échange novateur n'assure sans ambiguïté à la nouvelle œuvre une place dans les archives culturelles, car toute œuvre novatrice contient toujours simultanément deux niveaux axiologiques. Puisque l'espace profane est constitué de tout ce qui est non normatif, non valorisé, raté, dénué de valeur, inachevé, sans expression, etc., l'œuvre négativement normative, négativement classique ou négativement adaptée ne manque pas d'être jugée comme tout simplement inférieure — même si elle est comprise à un autre niveau comme originale, différente, alternative, et par conséquent acceptée en tant qu'échange novateur. Ainsi, la *Fontaine* de Duchamp ou le *Carré Noir* de Malevitch se laissent interpréter comme des œuvres d'art inférieures, laides, manquées, mais en même temps comme originales, nouvelles et faisant époque. Ces deux conceptions sont tout aussi licites ; toutes deux dépendent d'une interprétation bien déterminée, selon laquelle les choses sont interprétées ou bien comme nouvelles, ou bien comme inférieures. Aucune de ces interprétations n'est soutenue par quoi que ce soit, puisqu'il n'existe ni un fondement ontologique de la norme, ni un fondement ontologique de l'altérité et de la non-normativité universelles.

Le caractère privé de l'échange novateur est bien son moment central. C'est pourquoi nous devons pour finir le mettre en évidence le plus clairement possible. Tout échange novateur est accompli dans une situation déterminée, où l'auteur fait fonction de médiateur. Si cet auteur entend continuer une tradition culturelle afin d'y acquérir une position, il doit choisir sa stratégie personnelle. Par exemple, il peut apprendre à maîtriser les normes culturelles en vigueur et à les continuer de manière positive. De toute façon, son œuvre se distinguera par la suite de la norme culturelle, parce que tout homme donne nécessairement son interprétation personnelle, et dès lors en partie profane, de cette norme[33]. Mais il peut également continuer ces normes de manière négative — et là aussi, d'ailleurs, son œuvre n'aura qu'une originalité limitée, car elle sera d'emblée en rapport avec la tradition. Il peut poursuivre une stratégie novatrice conséquente et continuer la tradition de manière aussi bien positive que négative, afin de créer de nouvelles valeurs — mais même dans ce cas, la tension interne recherchée n'est garantie par rien qui soit, car une tension de ce genre est nécessairement événementielle : elle dépend à chaque fois du tracé de la limite entre ce qui a une valeur culturelle et le profane, qu'aucun auteur n'est en mesure d'embrasser du regard ni de contrôler totalement.

Par là, toute stratégie culturelle est inévitablement menacée. Il demeure toujours possible qu'une interprétation déclare avec de bonnes raisons l'œuvre ainsi que son auteur dénués de valeur en dépit de tout attribution de valeur (Wertgebung). L'auteur lui-même reste toujours, en dépit de tous ses efforts culturels, passablement profane, et il n'acquiert l'immortalité historique dans l'archive de la culture que dans des cas isolés et de manière conditionnelle. En tant qu'auteur, il n'est pas moins scindé que les produits de ses pratiques traditionnalistes ou novatrices. Le succès d'un auteur n'est garanti par aucune capacité, aucun savoir, aucun privilège social, mais il ne l'est pas non plus par quelque authenticité, ni par aucune proximité vis-à-vis du réel, du profane, du vrai. L'auteur est livré à la logique de l'économie culturelle, il est complètement démuni face à elle. C'est donc précisément l'innovation culturelle qui manifeste avec le plus de rigueur cette logique, telle qu'elle est à l'œuvre dans d'autres domaines de la vie d'une manière tout aussi inexorable, bien que plus dissimulée.

NOTES

Introduction

1. Le concept de post-modernité dont il est fait usage ici admet de très nombreuses interprétations et prend selon les auteurs des significations extrêmement diverses. Ici, on entend par post-modernité un doute de principe envers la possibilité du nouveau en matière historique. Presque tous les auteurs associent un tel doute à la post-modernité — par opposition à la modernité, orientée vers le nouveau.

Cependant, la post-modernité ne signifie pas la fin ou le dépassement de la modernité, mais précisément l'inverse, à savoir leur impossibilité. C'est en cela qu'elle se distingue de la modernité, qui était orientée vers le dépassement de l'ancien, vers la transgression et le dépassement des limites. Hal Foster écrit ainsi : « Bien qu'aussi bien attaqué par les pré, les anti, que par les post-modernistes, le modernisme, en tant que pratique, n'a pas succombé. Au contraire : le modernisme, du moins en tant que tradition, a "vaincu" — mais il s'agit d'une victoire à la Pyrrhus, qui a tout d'une défaite, car le modernisme est à présent largement absorbé [...] Mais comment pouvons-nous dépasser le moderne ? Comment pouvons-nous rompre avec un programme qui fait de la crise une valeur (le modernisme), ou qui va au-delà de l'ère du Progrès (la modernité), ou qui transgresse l'idéologie de la transgression (l'avant-gardisme) ? » (« Postmodernism : A preface », in : Hal Foster (Ed), *The Postmodern Culture*, Port Tawnsend, 1985, p. IX.)

Peter Halley défend la même position : « On peut le qualifier de postmodernisme ou bien de néo-modernisme, mais ce qui est caractéristique de cet ordre, c'est que les éléments de modernisme y sont hyper-réalisés [...] Ils sont redéployés au sein d'un système de sui-référentialité qui est lui-même une hyper-réalisation de la sui-référentialité moderniste — même s'il est maintenant détaché du rêve moderniste d'un renouveau révolutionnaire [...] Le vocabulaire du modernisme est maintenu, mais ses éléments, qui sont déjà plus abstraits, sont définitivement et complètement coupés de toute référence au réel. » («Essence and Model », in : *Collected Essays. 1981-1987*, Zürich, 1988, p. 161.)

En ce sens, *post* est équivalent à *néo*. Dan Cameron écrit ainsi au sujet de l'art post-moderne : « Cette application plutôt nonchalante du concept de "post-moderne" à tout ce qui permettait de reconnaître un recours sans ambiguïté à des formes d'expression du passé eut pour conséquence que le préfixe "néo" devint le concept stylistique (Stilbegriff) le plus employé des années soixante-dix et quatre-vingt (...). Bien qu'aucune position théorique, quelle qu'elle soit, ne puisse être placée sous l'étendard de l'artiste qui travaille de manière "néo", le résultat le plus manifeste de cette évolution fut que les artistes se retrouvèrent libérés de la contrainte historique pour devoir créer un art novateur et original du point de vue stylistique » («Neo-Dies, Neo-Das : Pop-Art-Ansätze in den achtziger Jahren », in : *Pop-Art*, München, 1992, p. 264.)

Sur le plan de la réflexion philosophique, l'impossibilité post-moderne du nouveau en matière historique, qui signifie l'impossibilité de la modernité en même temps que l'impossibilité de son dépassement, est fixée le plus nettement par J. Derrida, dans le concept de *clôture*. La *clôture* signifie la fin de l'époque de la recherche philosophique de la vérité et des innovations constantes qui s'y attachent, sans qu'il soit possible de dépasser cette époque ou de franchir ses limites, de les transgresser. « Il faut bien entendre ici cette *incompétence* de la science qui est aussi l'incompétence de la philosophie, la *clôture* de l'*épistémè*. Elles n'appellent surtout pas un retour à une forme pré-scientifique ou infra-philosophique du discours [...] Hors de la référence économique et stratégique au nom que Heidegger se justifie de donner aujourd'hui à une transgression analogue mais non identique de tout philosophème, *pensée* est ici pour nous un nom parfaitement neutre, un blanc textuel, l'index nécessairement indéterminé d'une époque à venir de la différance. *D'une certaine manière, "la pensée" ne veut rien dire.* Comme toute ouverture, cet index appartient, par la face en lui qui se donne à voir, au dedans d'une époque passée. » (*De la Grammatologie*, Minuit, collection « Critique », 1967, p. 142.)

2. Wyndham Lewis constatait dès 1954 dans son livre*The Demon of Progress in the Arts* que dans la modernité, la contrainte du nouveau

s'était depuis longtemps substituée à la liberté envers le nouveau : « La prolifération des écoles commença avec les âpres hostilités opposant les classiques et les romantiques au début du dix-neuvième siècle. C'était une guerre entre l'ancien et le nouveau [...] Cette hétérogénéité ne constitue pas l'explosion d'un individualisme exacerbé, mais exactement l'inverse. La personnalité s'en remet à des petits groupes bien disciplinés. Si la scène contemporaine pouvait être restreinte à l'un de ces groupes, elle offrirait l'apparence d'une période extrêmement homogène » (cité d'après *The Essential of Wyndham Lewis*, ed. by Julian Symons, London, 1989, p. 176).

En se référant à W. Lewis, Arnold Gehlen prit également acte dès 1960 de l'institutionnalisation « post-moderne » de l'innovation artistique. Au sujet de « l'actualité de la situation marginale » de l'art nouveau, il écrit : « Mais à la longue, les artistes n'auraient pu supporter la situation d'isolement presque toujours précaire dans laquelle ils tombaient. C'est alors que survint heureusement une *institutionnalisation secondaire*, qui renforça tout l'organisme artistique, trop fragile et menacé, grâce à un échafaudage stable de dimensions internationales » (*Zeit-Bilder*, Frankfurt a. M., 1960, p. 215).

3. Pour Derrida, le nouveau est toujours un effet de la quête *impossible* d'une identité entre le signifiant et le signifié, d'une suppression de la différence qui aurait pour effet de « clôturer » l'Autre de la culture. Autrement dit, il est toujours un effet de la quête d'une vérité comme évidence vécue : « Ce qui excède alors cette clôture *n'est rien :* ni la présence de l'être, ni le sens, ni l'histoire ni la philosophie ; mais autre chose qui n'a pas de nom, qui s'annonce dans la pensée de cette clôture et conduit ici notre écriture. Écriture dans laquelle la philosophie est inscrite comme une place dans un texte qu'elle ne commande pas. La philosophie n'est, dans l'écriture, que ce mouvement de l'écriture comme effacement du signifiant et désir de la présence restituée, de l'être signifié dans sa brillance et son éclat » (*De la Grammatologie*, Minuit, collection « Critique », 1967, p. 405).

Pour Derrida, la volonté de vérité, en tant que volonté de l'Autre, du référent, du signifiant du texte, demeure donc le ressort interne de l'écriture, même si cette volonté ne se réalise jamais. Ici, la volonté de vérité n'est pas opposée au désir, mais conçue comme une forme spécifique de désir, comme le phallo-logo-centrisme. Sur ce point, voir Peggy Kamuff

(Ed), *A Derrida Reader*, New York, 1991, p. 313 sq. Sur l'interprétation des Lumières dans cette perspective à partir de l'exemple de Kant, voir J. Derrida, *D'un ton apocalyptique adopté naguère en philosophie*, Galilée, collection « Débats », 1983, p. 45 sq.

La production du texte résulte d'une clôture constante du désir, ce dernier étant cependant lui-même engendré par le texte : par la promesse, immanente au texte même, d'une présence pure. Cette présence pure est nécessairement suggérée par le texte, en tant qu'il est signe de la présence *et* de l'absence de la présence, c'est-à-dire signe de la différance : « Sans la possibilité de la différance, le désir de la présence comme telle ne trouverait pas sa respiration. Cela veut dire du même coup que ce désir porte en lui le destin de son inassouvissement. La différance produit ce qu'elle interdit, rend possible cela même qu'elle rend impossible » (*De la Grammatologie*, Minuit, collection « Critique », 1967, p. 206).

4. « *Il n'y a pas de hors texte* [...] il n'y a jamais eu que des suppléments, des significations substitutives qui n'ont pu surgir que dans une chaîne de renvois différentiels [...] Et ainsi à l'infini (...)» (J. Derrida, *De la Grammatologie*, Minuit, collection « Critique », 1967, p. 227-228.)

5. Il est caractéristique que W. Kandinsky, qui passe à juste titre pour être l'un des artistes de l'avant-garde *par excellence*, condamne la quête d'une originalité esthétique formelle ou de l'innovation dans l'art en y voyant une simple stratégie commerciale, et exige qu'on s'oriente vers le contenu : « L'art qui, en de telles périodes, a une vie diminuée, n'est utilisé qu'à des fins matérielles [...] *Eo ipso* la question "quoi" disparaît dans l'art. Seule subsiste la question "comment" [...] Elle devient le credo. Cet art n'a pas d'âme. L'art continue dans cette voie du "comment". Il se spécialise et n'est plus intelligible que pour les seuls artistes [...] En général, l'artiste, dans ces périodes, n'a pas besoin de dire grand-chose et un simple "autrement" le fait remarquer (...), de sorte que l'on voit une foule de gens habiles se jeter, avec un talent apparent, sur cet art qui semble si facile à conquérir. » (*Du spirituel dans l'art et dans la peinture en particulier*, Denoël, collection « Folio Essais », 1989, édition établie et présentée par Ph. Sers, traduit de l'allemand par N. Debrand/traduit du russe par B. du Crest, p. 65.)

6. Le débat avec la phénoménologie de Husserl, en tant que manifestation la plus radicale de l'avant-garde philosophique, fut à un titre émi-

nent le point de départ de la pensée post-moderne. Cela vaut particulièrement pour Derrida, qui emprunte son concept central de « présence », en tant que but même de la philosophie classique, au projet philosophique de Husserl. Husserl écrit par exemple : « La phénoménologie a la propriété distinctive d'embrasser dans l'ampleur de son universalité éidétique toutes les connaissances et toutes les sciences, si du moins on considère ce qui en elles est immédiatement évident (...)» (*Idées directrices pour une phénoménologie*, Gallimard, Bibilothèque de Philosophie, 1950, trad. P. Ricoeur, p. 203.) Cette évidence immédiate est acquise grâce à la mise hors circuit de tous les systèmes significatifs, qui pour Husserl sont tous nécessairement obscurs. Par là, Husserl en vient à l'« attitude phénoménologique », qui constitue pour lui « la secrète aspiration de toute la philosophie moderne » (ibid., p. 203).

Prenant cette radicalité et cette aspiration pour point de départ, Derrida formule au nom de l'écriture « morte » sa critique de la « *Lebendigkeit* » ou de la « présence vivante » comme *telos* même de la phénoménologie et de la philosophie. (*La voix et le phénomène*, PUF, collection « Épiméthée », 1967, p. 9 sq.)

7. Comme on l'a déjà constaté dans la note 3, la quête de l'Autre est, selon Derrida, suscitée par exemple par l'inconscient textuel ; c'est en ce sens que son origine demeure cachée au créateur. Consciemment, chacun recherche l'identique — et chacun, en réalité, est mis sur sa voie par la différance en même temps qu'égaré et « ajourné » sur cette voie vers l'Identique par la différance. Seule la déconstruction révèle le travail inconscient de la différance. Une grande œuvre philosophique ou littéraire garde toute sa grandeur alors même qu'a été effectué le travail de déconstruction — mais cette fois en tant que manifestation de l'impossibilité de son propre projet.

Mais il est tout aussi possible — et même beaucoup plus vraisemblable — que le créateur aspire d'emblée consciemment à écrire un texte nouveau, et non à atteindre la pure présence l'dentique, l'occulte, le vrai, l'être ou le signifiant extra-culturels. Dans ce cas, la déconstruction court le risque de devenir sans emploi.

8. Même les auteurs « post-modernes », qui, contrairement à Kandinsky, ne croient plus que l'occulte, le contenu, le référent ou le « quoi » se laissent représenter dans l'art, et insistent sur le fait que le signifié transcendantal se dérobe à toutes les stratégies de représentation de ce

genre, maintiennent une distinction de principe entre l'authentique et le inauthentique. Et pourtant, la volonté d'une pareille représentation, la volonté de représenter le signifié occulte et de ne pas seulement se distinguer sur le plan du « comment », continue à être considérée comme un présupposé nécessaire de la création d'œuvres significatives.

Dans son article devenu célèbre « The Sublime and the Avant-Garde » (cité d'après *The Lyotard Reader*, ed. by Andrew Benjamin, Cambridge, Mass., 1989, p. 196-211), J.-Fr. Lyotard décrit l'avènement du nouveau comme un événement au sens heideggerien du terme (p. 197). Le nouveau authentique rompt avec tous les programmes — aussi bien classiques qu'avant-gardistes — et apporte l'inattendu, dont l'artiste avant-gardiste attend que « *it happens* » (p. 197). Ne pouvant cependant jamais faire l'objet d'une représentation définitive, le « *it* » de « *it happens* » peut être qualifié de sublime au sens de Kant : « À la limite de la rupture, l'infinité, ou l'absoluité de l'Idée, peut se révéler dans ce que Kant nomme une présentation négative, ou même une non-présentation. Il cite la loi juive, qui bannit les images, comme un exemple éminent de présentation négative : le plaisir optique, lorsqu'il se réduit au quasi-néant, promeut la contemplation infinie de l'infinité [...] Ainsi l'avant-gardisme est-il présent en germe dans l'esthétique kantienne du sublime. » (p. 204.)

Le signifié occulte doit donc guider l'artiste même s'il est sublime, c'est-à-dire non représentable. Le nouveau ne peut être planifié consciemment dans le cadre d'une stratégie, laquelle vise le succès : « Pourtant, il y a une sorte de conflit entre le capital et l'avant-garde [...] Il y a quelque chose de sublime dans l'économie capitaliste. Cette dernière n'est pas académique, elle n'est pas physiocratique, elle n'admet rien de la nature [...] On peut comprendre que le marché de l'art, assujetti comme tous les marchés à la règle du nouveau, puisse exercer une sorte de séduction sur les artistes [...] Cette séduction s'exerce grâce à une confusion entre innovation et *Ereignis*. » (p. 210). Pour Lyotard, cette confusion entre innovation consciente et événement inconscient implique que l'innovation consciemment planifiée doit nécessairement, dans son caractère novateur, rester subordonnée à l'événement — car aucune innovation consciente ne peut être suffisamment novatrice ou radicale : « Le secret du succès artistique, tout comme celui du succès commercial, réside dans un équilibre entre ce qui est surprenant et ce qui est "bien connu", entre information et code. C'est ainsi qu'opère l'innovation en art : on réutilise des formules que des succès antérieurs ont confirmées, on les déséquilibre en les combinant avec d'autres formules en principe incompatibles, par amalgames, citations, ornementations, pastiches. » (p. 210.)

Mais en opérant une distinction si nette entre événement et innovation, Lyotard omet la possibilité, découlant nécessairement de cette distinction, que l'événement attendu par l'artiste, s'il n'est contrôlé par aucune stratégie novatrice consciente, apporte non pas de l'inouï, mais au contraire quelque chose de complètement banal, trivial et sans originalité. Or, c'est précisément le cas des artistes qui ont servi de point de repère à Lyotard au moment où il écrivait son article : le même geste novateur qu'ils ont accompli une fois, Barnett Newman ou Daniel Buren le répètent sans cesse en tant que signe immuable de l'irréductible sublime. Ce même signe leur sert d'autre part d'indice commercial stable, et rend ainsi possible le succès de leur propre stratégie commerciale — de sorte que c'est justement l'événementiel se répétant qui doit être conçu comme une commercialisation du procédé novateur inventé un jour.

Pour un commentaire post-moderne du *Vir Heroicus Sublimis* de Barnett Newman, auquel se réfère tout particulièrement Lyotard, voir : Peter Halley, *Collected Essays. 1981-1987*, Zürich, 1988, p. 56 sq. Pour d'autres discussions du concept lyotardien de sublime, voir Christine Pries (Ed.), *Das Erhabene*, Weilheim, 1989.

9. Comme Lyotard, Adorno voit l'art en mutation et en négativité constantes : « Si l'utopie de l'art se réalisait, ce serait sa fin temporelle [...] Le nouveau, en tant que cryptogramme, est l'image du déclin ; l'art n'exprime l'inexprimable, l'utopie, que par l'absolue négativité de cette image » (Theodor W. Adorno, *Théorie Esthétique*, Paris Klincksieck Esthétique, 1974, trad. M. Jimenez, p. 50-51). Mais contrairement à Lyotard, Adorno ne distingue pas sur le plan ontologique deux origines du nouveau. Pour Adorno, pareille distinction entre authentique et inauthentique n'est jamais que stratégique et conditionnelle, l'authentique apparaissant dès lors en un sens comme secondaire : « Mais si l'originalité a une origine historique, elle est également impliquée dans l'injustice historique : dans la prévalence bourgeoise des biens de consommation sur le marché qui, en tant que biens tous semblables, doivent faire croire

à leur nouveauté pour attirer la clientèle. Pourtant, avec l'autonomie croissante de l'art, l'originalité s'est tournée contre le marché sur lequel elle n'a jamais pu se permettre de dépasser une valeur liminaire » (ibid., p. 230).

Par là, même la dimension utopique de l'art trouve son origine dans le marché, pour devenir une sorte de stratégie commerciale pervertie. Pareille lecture radicalisante de l'utopie non comme alternative au marché, mais comme continuation sous une forme spécifique des stratégies de marché, est discutée par exemple dans : Frederic Jameson, *Postmodernism, or The Cultural Logic of Late Capitalism*, Durham, 1991, notamment p. 55-66 et p. 260-278.

Pour une interprétation de la *Théorie Esthétique* d'Adorno au sens de Lyotard, voir Wolfgang Welsch, « Adornos Asthetik : eine implizite Asthetik des Erhabenen », in : *Asthetisches Denken*, Stuttgart, 1990, p. 114-156.

10. Georges Bataille utilise la description du potlatch faite par Marcel Mauss dans son « Essai sur le don » (in : *Sociologie et Anthropologie*, PUF, collection « Quadrige », n° 58, 1950, p. 145-273) pour formuler une économie générale du don et du sacrifice censée servir de modèle alternatif à l'échange de marchandises sous sa forme ordinaire, qui vise à l'auto-conservation. Lorsque quelqu'un accepte un don ou une offrande, celui qui donne ou qui offre acquiert du pouvoir sur celui à qui est fait le don : « Le problème posé est celui de la dépense de l'excédent. Nous devons d'une part donner, perdre ou détruire. Mais le don serait insensé [...] s'il ne prenait le sens d'une acquisition [...] Le don a la vertu d'un dépassement du sujet qui donne, mais en échange de l'objet donné, le sujet approprie le dépassement : il envisage sa vertu, ce dont il eut la force, comme une richesse, comme un *pouvoir* qui lui appartient désormais. » (G. Bataille, *La part maudite*, in : *Œuvres Complètes*, vol VII, Gallimard, 1976, p. 72.)

Ces idées de Bataille furent développées par J.-Fr. Lyotard dans son *Économie libidinale* (Minuit, collection « Critique », 1974).

11. Au moins depuis Freud, les textes théoriques abordent des situations spécifiques de la vie quotidienne, qui font ensuite fonction de modèles pour la compréhension du « Tout ». Dans ses *Investigations philosophiques*, Wittgenstein use sans cesse de ce procédé, et parle en ce sens d'« images » qui guident l'entendement : « Je voulais placer cette

image sous ses yeux, et sa *reconnaissance* de cette image consiste dans le fait qu'il est enclin dès lors à considérer un cas donné d'une manière différente [...] J'ai changé sa *manière de voir les choses.* » (*Investigations philosophiques*, Gallimard, Bibliothèque des Idées, trad. P. Klossowski, 1961, aph. n° 144). De bons exemples en sont certains textes de R. Barthes (*Mythologies*, Seuil, 1957) ou de J. Baudrillard (*L'échange symbolique et la mort*, Gallimard, Bibliothèque des sciences humaines, 1976), qui sont écrits sous la forme de séries de pareilles images quotidiennes, auxquelles se superposent des interprétations faisant de ces images l'image du tout.

12. Lorsque Baudrillard parle de l'hyperréalité du monde moderne, qui, en tant que simulant le réel, apparaît encore plus réel que le réel lui-même, il place le monde tout entier en tant que readymade dans le contexte de l'art : « Disneyland est là pour cacher que c'est le pays "réel", toute l'Amérique "réelle" qui est Disneyland [...] Disneyland est posé comme imaginaire afin de faire croire que le reste est réel, alors que tout Los Angeles et l'Amérique qui l'entoure ne sont déjà plus réels, mais de l'ordre de l'hyperréel et de la simulation. » (*Simulacres et simulation*, Galilée, 1981, p. 25-26).

13. Voir B. Groys, « Die künsterliche Individualität als Kunsterzeugnis », im von der Akademie der bildenden Künste in Wien herausgegeben Sammelband *Über die Warheit in der Malerei*, Wien, 1990, p. 55-60.

Le nouveau dans l'archive

1. Hans Robert Jauss repère le passage à la modernité et à l'approbation du nouveau dans la « *Querelle des Anciens et des Modernes* », qui eut lieu en France au milieu du dix-huitième siècle (H.R. Jauss, *Asthetische Normen und geschichtliche Reflexion in der « Querelle des Anciens et des Modernes »*, in : Charles Perrault, *Parallèle des Anciens et des Modernes*, München, 1964, p. 8-64). Mais l'attention définitive pour le nouveau n'apparaît selon lui que chez Baudelaire, dont l'esthétique lie la *modernité* (en fr.) à la *nouveauté* (en fr.) et valorise la « beauté éphémère » ainsi que la mode (H. R. Jauss, « Der literarische Prozess des Modernismus von Rousseau bis Adorno », in : Herzog, R. und Koselleck, R., (Hrsg.), *Epochenschwelle und Epochenbewusstsein*, München, 1987, p. 258 sq.). Jauss voit certes dans le christianisme une exigence radicale de nouveau

et la dévalorisation de l'ancien, l'une et l'autre continuant à servir de modèles dans la culture européenne tout entière. Mais pour lui, cette exigence est encore « domestiquée » par la référence aux anciennes prophéties et par l'affirmation de l'identité du Dieu de l'Ancien Testament et du Dieu du Nouveau Testament (H.R. Jauss, « Il faut commencer par le commencement ! », in : *Epochenschwelle und Epochenbewusstsein*, München, 1987, p. 563 sq.).

On peut cependant remarquer que même chez Baudelaire, le nouveau reste entièrement domestiqué. En effet, tout nouveau recèle selon lui un élément immuable de beauté éternelle : « C'est ici une belle occasion, en vérité, pour établir une théorie rationnelle et historique du beau, en opposition avec la théorie du beau unique et absolu ; pour montrer que le beau est toujours, inévitablement, d'une composition double, bien que l'impression qu'il produit soit une [...] Le beau est fait d'un élément éternel, invariable, dont la quantité est excessivement difficile à déterminer, et d'un élément relatif, circonstanciel, qui sera, si l'on veut, tour à tour ou tout ensemble, l'époque, la mode, la morale, la passion » (*Le peintre de la vie moderne*, in : *Œuvres Complètes*, Gallimard, Bibliothèque de la Pléiade, texte établi, présenté et annoté par Cl. Pichois, 1976, p. 685). La tradition esthétique, à laquelle se réfère en effet nécessairement tout œuvre d'art, est donc toujours comprise chez Baudelaire non pas de manière historique, mais en tant que « beauté éternelle ».

2. Sur le rapport entre l'avant-garde russe et le réalisme socialiste, voir B. Groys, *Staline Œuvre d'Art Totale*, traduit du russe par Édith Lalliard, Éditions Jacqueline Chambon, 1990.

3. L'intérêt de l'avant-garde historique pour le primitif est bien connu. Pour un regard critique, voir A. Gehlen, *Zeit-Bilder*, Frankfurt a. M.,1960, p. 144-149.

4. Le passage de l'utopie de la destruction et de la rénovation totales du monde à l'utopie limitée de l'« *ego cogitans* » chez Descartes est particulièrement manifeste dans le passage suivant : « Ainsi voit-on que les bâtiments qu'un seul architecte a entrepris et achevés ont coutume d'être plus beaux et mieux ordonnés que ceux que plusieurs ont tâché de raccommoder, en faisant servir de vieilles murailles qui avaient été bâties à d'autres fins [...] Ainsi je m'imaginai que les peuples qui, ayant été autrefois demi-sauvages, et ne s'étant civilisés que peu à peu, n'ont fait leurs lois qu'à mesure que l'incommodité des crimes et des querelles

les y a contraints, ne sauraient être si bien policés que ceux qui, dès le commencement qu'ils se sont assemblés, ont observé les constitutions de quelque prudent législateur [...] Il est vrai que nous ne voyons point qu'on jette par terre toutes les maisons d'une ville, pour le seul dessein de les refaire d'autre façon, et d'en rendre les rues plus belles ; mais on voit bien que plusieurs font abattre les leurs pour les rebâtir [...] À l'exemple de quoi je me persuadai, qu'il n'y aurait véritablement point d'apparence qu'un particulier fît dessein de réformer un État, en y changeant tout dès les fondements, et en le renversant pour le redresser ; ni même aussi de réformer le corps des sciences, ou l'ordre établi dans les écoles pour les enseigner ; mais que, pour toutes les opinions que j'avais reçues jusques alors en ma créance, je ne pouvais mieux faire que d'entreprendre, une bonne fois, de les en ôter, afin d'y en remettre par après, ou d'autres meilleures, ou bien les mêmes, lorsque je les aurais ajustées au niveau de la raison » (*Discours de la Méthode*, in : *Œuvres et Lettres de Descartes*, Gallimard, Bibliothèque de la Pléiade, textes présentés par A. Bridoux, 1952, p. 132-134).

5. Sur le supra-temporel dans l'art, voir C. Malevitch, « Dieu n'est pas déchu », in : *Écrits*, présentés par A. B. Nakov, Éditions Champ Libre, trad. A. Robel-Chicurel, 1975, p. 327-365.

6. « Cette absolutisation du "maintenant" dans l'"instant" apparaissant, dans la structure poétologique de l'"épiphanie", doit être considérée comme une caractéristique générale de la littérature moderne » (K. H. Bohrer, *Plötzlichkeit. Zum Augenblick des ästhetischen Scheins*, Frankfurt a. M., 1981, p. 63). Voir également J. Fr. Lyotard, « Newman : The instant », in : Andrew Benjamin (Éd), *The Lyotard Reader*, Oxford, 1989, p. 240 sq.

7. Pour Derrida, la fin de la déconstruction est impossible, parce qu'elle est elle-même cette fin : « Et quiconque viendrait raffiner, dire le fin du fin, à savoir la fin de la fin, la fin des fins, que la fin a toujours déjà commencé, qu'il faut encore distinguer entre la clôture et la fin (...)» (*D'un ton apocalyptique adopté naguère en philosophie*, Galilée, collection « Débats », 1983, p. 60).

8. Pour Baudrillard, la mode est une « flottaison des signes » dépourvue de tout référent fixe, y compris du point de vue temporel. (*L'échange symbolique et la mort*, Gallimard, Bibliothèque des sciences humaines, 1976, p. 139-140.)

9. De tels programmes culturels sont par exemple décrits chez M. Foucault comme des « formations discursives ». Cf. *L'archéologie du savoir*, Gallimard, Bibliothèque des sciences humaines, 1969, p. 44-55.

10. La *clôture* (voir la note 1) désigne précisément cette impossibilité d'accéder au radicalement Autre.

11. « Sur ce dont on ne peut parler, il faut garder le silence » (L. Wittgenstein, *Tractatus Logico-Philosophicus*, Gallimard, collection « Bibliothèque des Philosophies », 1993, trad. G-G Granger). Sur la problématique du silence, voir J. Derrida, *Wie nicht sprechen*, Vienne, 1989.

12. Sur les théories post-modernes de la politique de la représentation, voir par exemple les articles « Cultural Politics » et « Gender/Difference/Power », in : Brian Wallis (Ed), *Art after Modernism : Rethinking Representation*, New-York, 1984, p. 295-434, ainsi que B. Kruger and Ph. Mariani, *Remaking History, Discussions in Contemporary Culture*, N°4, Dia Art Foundation, Seattle, 1989.

13. Sur l'« authenticité » comme stratégie de marché, cf. J. Baudrillard, *Le système des objets*, Gallimard, collection TEL, 1968, p. 103-112.

14. Sur les stratégies de marché de l'avant-garde historique, cf. Yves-Alain Bois, « La leçon de Kahnweiler », in : *Les Cahiers du Musée National d'Art Moderne*, n° 23, Paris, 1988, p. 29-56.

15. Dans ce cas, l'authenticité fait fonction d'intensité, c'est-à-dire d'expérience vécue du corps libidinal par-delà la subjectivité, les limites corporelles, les organes et les formes. Sur l'intensité entendue en ce sens, voir Lyotard, « The Tensor », in : Andrew Benjamin (Ed), *The Lyotard Reader*, Oxford, 1989, p. 1 sq. L'intensité est selon Lyotard « non comparable » et « non mesurable », le but des œuvres d'art et des textes théoriques étant « la production d'intensités » (*Économie libidinale*, Minuit, collection « Critique », 1974).

16. Ainsi Derrida décrit-il Rousseau comme un authentique chercheur de la vérité, dont la recherche s'inscrit cependant dans la textualité. Paul de Man attire également sans cesse l'attention sur la « tache aveugle » autour de laquelle tout texte se constitue dès lors qu'il invoque son authenticité : « [...] ici, la conscience ne résulte pas de l'absence de quoi que ce soit, mais consiste en la présence du néant. Le langage poétique nomme ce vide avec une intelligence toujours renouvelée [...] Cette nomination continuelle est ce que nous appelons littérature. » (Paul de Man, *Blindness and Insight*, Minneapolis, 1983, p. 18).

17. Lyotard veut en effet montrer dans son livre *Économie libidinale* que la « formation de capital » et le travail ne résultent pas du « principe de réalité » répressif, qui interrompt le libre flux des flots libidinaux, mais que cette interruption est elle-même libidinale, qu'elle augmente le désir, et qu'elle relève dès lors de l'économie libidinale (*Économie libidinale*, Minuit, collection « Critique », 1974).

18. W. Kandinsky, *Du spirituel dans l'art et dans la peinture en particulier*, Denoël, collection « Folio Essais », édition établie et présentée par Ph. Sers, traduit de l'allemand par N. Debrand/traduit du russe par B. du Crest, 1989, p. 197 sq.

19. Derrida parle ainsi du « (..) fait pourtant évident que la déconstruction ne se sépare pas d'un grand questionnement sur la tekhnè et sur la raison technicienne, qu'elle n'est rien sans cette interrogation, et qu'elle est tout sauf un ensemble de procédures techniques et méthodiques (...)» (*Mémoires pour Paul de Man*, Galilée, collection « La philosophie en effet », 1988, p. 39). Dans un autre contexte, I. Smirnov attire l'attention sur le fait que la doctrine freudienne du complexe d'Œdipe exige tout simplement d'être rejetée par les générations ultérieures, parce qu'elle porte sur le rejet de l'autorité paternelle (I. Smirnov, « Edip Freida i Edip realisto », in : *Wiener Slawistischer Almanach*, 28, 1991, p. 5).

20. « L'espace existant entre les textes, n'est-ce pas là le véritable espace de la mémoire ? En modifiant l'architecture dans laquelle il s'inscrit, chaque texte ne modifie-t-il pas également l'espace de la mémoire ? [...] L'espace de la mémoire s'inscrit dans le texte de la même manière que ce dernier s'inscrit dans l'espace de la mémoire. La mémoire d'un texte est constituée par son intertextualité. » (R. Lachmann, *Gedächtnis und Literatur*, Frankfurt a. M., 1990, p. 35.) Sur la problématique de l'intertextualité dans les arts plastiques, voir Rosalind E. Krauss, *The Originality of the Avantgarde and Other Modernist Myths*, Cambridge, Mass., 1988.

21. W. Benjamin a décrit la transformation de l'œuvre d'art par sa reproduction comme une perte de son aura. Cf. « L'œuvre d'art à l'ère de sa reproductibilité technique », in : *Œuvres, II, Poésie et révolution*, Denoël, Les Lettres Nouvelles, trad. M. de Gandillac, 1971, p. 171-211.

22. Baudrillard définit le simulacre comme une reproduction de la réalité, plus « originelle » encore que cette réalité même : « l'ordre de la

simulation » se distingue de l'imitation et de la production en ce que dans cet ordre, la réalité est dominée par le code. (*L'échange symbolique et la mort*, Gallimard, Bibliothèque des sciences humaines, 1976.) Baudrillard écrit par exemple : « La définition même du réel est : *ce dont il est possible de donner une reproduction équivalente* [...] Au terme de ce processus de reproductibilité, le réel est non seulement ce qui peut être reproduit, mais *ce qui est toujours déjà reproduit.* » (ibid., p. 114). Toutefois, Baudrillard ne peut que conjecturer un tel code simulateur caché, sans pouvoir réellement le décrire.

23. Wyndham Lewis définit la mode comme étant la valeur suprême pour l'art moderne : « Tout artiste se conforme à l'une ou l'autre des orthodoxies violentes du moment. Les femmes obéissent aux décrets annuels de la mode de Paris, et un artiste n'a pas davantage d'individualité (...)» (Julian Symons (Ed), *The Essential of Wyndham Lewis*, London, 1989, p. 179).

24. Si donc l'individualité au sens de la subjectivité n'est pas considérée comme l'origine de l'Autre, c'est le texte qui joue ce rôle : par conséquent, il est impossible de demeurer identique, parce que les signes et le temps engendrent l'Autre de manière inconsciente, même lorsque le « sujet » veut être identique à lui-même. « On rend compte ainsi de ce que *l'altérité* absolue de l'écriture puisse néanmoins affecter, du dehors, en son dedans, la parole vive : *l'altérer* [...] malgré [...] le jeu des corrélations structurelles, l'écriture marque l'histoire de la parole. » (J. Derrida, *De la Grammatologie*, Minuit, collection « Critique », 1967, p. 442.)

25. Platon caractérisait déjà cet espace profane de la manière suivante : « Et au sujet de ces choses, Socrate, qui peuvent sembler grotesques comme le cheveu, la boue la crasse ou tout ce qui par ailleurs est sans aucune valeur ou sans importance, ne t'es-tu pas interrogé sur le point de savoir s'il fallait, oui ou non, poser pour chacune d'elles aussi une Forme séparée, séparée des choses que touchent nos mains ?

Absolument pas, répondit Socrate. Eh bien, à ce que nous voyons, à cela aussi je reconnais une existence, mais penser qu'il y a une Forme de ces choses, ce serait, je le crains, trop absurde [...] À peine m'y suis-je arrêté, que je m'en détourne en toute hâte, de peur de tomber dans quelque abîme de niaiserie et de m'y perdre [...]

C'est que tu es encore jeune, Socrate, aurait repris Parménide, et que la philosophie ne t'a pas encore saisi de cette ferme emprise dont,

c'est ma conviction, elle te saisira un jour, le jour où tu n'auras plus
de mépris pour aucune de ces choses. » (*Parménide*, 130 d-e, GF-
Flammarion, traduction, introduction et notes par L. Brisson, 1994,
p. 93-94.)

26. La manière dont la théorie post-structuraliste définit l'archive
est pour le moins ambiguë. D'une part, la matérialité des signes est
constamment soulignée. En ce sens, pour la théorie post-structuraliste,
les signes ne sont déterminés par aucune présence « idéale » dans l'âme
individuelle ou collective ; c'est la totalité des signes qui forme matériellement une archive — ou mieux encore, *l'*archive. M. Foucault écrit
ainsi : « La positivité d'un discours […] en caractérise l'unité à travers
le temps, et bien au-delà des œuvres individuelles, des livres et des
textes » (*L'archéologie du Savoir*, Gallimard, Bibliothèques des
Sciences Humaines, 1969, p. 166). Plus loin, il dit de ce genre de discours : « Ce sont tous ces systèmes d'énoncés (événements pour une
part, et choses pour une autre) que je propose d'appeler *archive*. Par ce
terme, je n'entends pas la somme de tous les textes qu'une culture a
gardés par-devers elle comme documents de son propre passé, ou
comme témoignage de son identité maintenue ; je n'entends pas non
plus les institutions qui, dans une société donnée, permettent d'enre-
gistrer et de conserver les discours dont on veut garder la mémoire et
maintenir la libre disposition […] L'archive, c'est d'abord la loi de ce
qui peut être dit, le système qui régit l'apparition des énoncés comme
événements singuliers. Mais l'archive, c'est aussi ce qui fait que toutes
ces choses dites ne s'amassent pas indéfiniment dans une multitude
amorphe, ne s'inscrivent pas non plus dans une linéarité sans rupture,
et ne disparaissent pas au seul hasard d'accidents externes […]
L'archive, […] c'est ce qui, à la racine même de l'énoncé-événement, et
dans le corps où il se donne, définit d'entrée de jeu *le système de son
énonçabilité.* » (ibid., p. 169-170.)

L'archive est donc d'autre part définie comme un système de signes
qui, bien qu'étant tous matériels, s'inscrivent sur un support caché qui
n'est conservé nulle part, est indestructible et toujours disponible. Toutefois, pareil support ne peut être que pensé ou imaginé, mais en aucun
cas réalisé matériellement. Il y a donc chez Foucault une contradiction
entre la matérialité des signes et l'idéalité indestructible de leur support
— ou de leur archive.

Au contraire, on conçoit ici l'archive comme réellement existante — et donc également comme menacée de destruction, comme finie, fermée, limitée, de sorte que tous les énoncés possibles ne peuvent se trouver pré-formulés en elle.

27. Thierry de Duve soutient que grâce à cette technique de comparaison, Duchamp a donné à l'art son nom d'« art » — à la différence de celui de « peinture » ou de « sculpture » : « avec chaque jugement esthétique, c'était le nom qui se jouait. Le jugement "ceci est beau" avait insensiblement pris la forme énonciative d'un "ceci est de la peinture" [...] En rabattant le nom sur le nom, Duchamp nous révèle ce nominalisme pictural qui n'est pas le sien propre mais celui de l'histoire à laquelle il appartient. » (*Nominalisme pictural, Marcel Duchamp, la peinture et la modernité*, Minuit, collection « Critique », 1984, p. 276).

28. Derrida thématise cette comparaison dans sa théorie du supplément, développée à partir de l'exemple de Rousseau. (*De la Grammatologie*, Minuit, collection « Critique », 1967, p. 203-445.)

29. Une nouvelle décision existentielle relativement à l'interprétation de l'être et de la valeur des choses particulières n'est jamais possible que sous la forme d'un nouveau texte — d'un texte de S. Kierkegaard, de J.P. Sartre ou d'A. Camus.

30. Sur le thème du néant dans l'art moderne, cf. Eberhard Roters, *Fabricatio Nihili, oder die Herstellung von Nichts*, Berlin, 1990, ainsi que Karsten Harries, « Das befreite Nichts », in : *Durchblicke. Martin Heidegger zum 80. Geburtstag*, Frankfurt a. M., 1970.

31. Paul Feyerabend entend ainsi montrer que la science moderne ne vise plus à constituer une description du monde valable pour tous, « vraie », mais qu'en elle sont pratiqués différents programmes qui ne sont pas mutuellement compatibles. (*Contre la méthode : esquisse d'une théorie anarchiste de la connaissance*, Seuil, 1988, Points Sciences, trad. B. Jordant et A. Schlumberger).

Stratégies novatrices

1. cf. l'interprétation de l'énoncé « Ceci est beau » chez Thierry de Duve dans la note 27 (*Le nouveau dans l'archive*).

2. Nikolaï Taraboukine écrivait en 1923 : « Le monde actuel présente à l'artiste des exigences entièrement nouvelles : il attend de lui non pas

des "tableaux" ou des "sculptures" de musée, mais des objets socialement justifiés par leur forme et leur destination. » (*Le dernier tableau : du chevalet à la machine*, Éditions Champ Libre, 1972, trad. A. B. Nakov et M. Pétris, p. 48.)

3. Sur ce point, voir B. Groys, « Das leitende Bild », in : Peter Weibel und Christian Meyer, *Das Bild nach dem letzten Bild*, Köln, 1991, p. 99-104.

4. Pour un exemple d'appropriation de la *Fontaine* de Duchamp, cf. Sherrie Levine, *Katalog*, Zürich, 1991.

5. Foucault cherche à effacer les limites entre ce qui dans une œuvre est important et ce qui ne l'est pas — en même temps que les limites entre la reproduction des livres et le manuscrit, ainsi que les limites du livre en tant que tel : « C'est que les marges d'un livre ne sont jamais nettes ni rigoureusement tranchées : par-delà le titre, les premières lignes et le point final, par-delà sa configuration interne et la forme qui l'autonomise, il est pris dans un système de renvois à d'autres livres, d'autres textes, d'autres phrases : nœud dans un réseau. » (*L'archéologie du savoir*, Gallimard, Bibliothèque des sciences humaines, 1969, p. 34.)

Pour Derrida, le simple concept de livre élève déjà une prétention illégitime à la vérité, qu'il s'agit de déconstruire : « Le Modèle du Livre, le Livre Modèle, n'est-ce pas l'adéquation absolue de la présence et de la représentation, la *vérité* (*homoiosis* ou *adaequatio*) de la chose et de la pensée de la chose, telle qu'elle se produit d'abord dans la création divine avant d'être réfléchie par la connaissance finie ? » (J. Derrida, *La dissémination*, Seuil, collection « Tel Quel », 1972, p. 51.) Et plus loin : « L'effacement ou la sublimation de la différence séminale, c'est le mouvement par lequel la restance du hors-livre se laisse intérioriser et domestiquer dans l'onto-théologie du grand Livre. » (Ibid., p. 53.)

6. Ainsi la « bibliothèque babylonienne » conçue par Borgès, qui fait fonction de modèle pour nombre de théories post-modernes, contient certes toutes les combinaisons de caractères imaginables, mais chacune en un seul exemplaire. («La Bibliothèque de Babel », in : *Fictions*, Gallimard, collection « Folio », n° 614, 1983, p. 71-83).

7. À vrai dire, la possibilité de la destruction totale ou de l'apocalypse est niée par la théorie post-moderne, qui part du caractère infini de la textualité. Ainsi, selon Derrida, c'est dans la textualité qu'a toujours déjà lieu la fin de la fin ou l'apocalypse de l'apocalypse — en ce sens éga-

lement l'apocalypse des Lumières comme forme spécifique d'apocalypse :
« Il y a la lumière, et il y a les lumières, les lumières de la raison ou du
logos, qui ne sont pas, malgré tout, autre chose. » (*D'un ton apocalyptique
adopté naguère en philosophie*, Galilée, collection « Débats », 1983, p. 64.)

Mais dans le concept de textualité infinie réapparaît la contradiction
interne (déjà diagnostiquée dans la note 26 à propos du concept foucal-
dien d'archive) entre la matérialité des signes et le caractère imaginaire
de leur support infini.

8. « Le Dieu est mort. Un monde s'est écroulé. Je suis de la dynamite.
L'histoire du monde se partage en deux. Il y a un temps avant moi. Et un
temps après moi. » (H. Ball, *Der Künstler und die Zeitkrankheit. Aus-
gewählte Schriften*, Frankfurt a. M., 1984, p. 41.)

9. Sur la signification de la théosophie dans l'apparition de l'avant-
garde historique, cf. Maurice Tuchman u. Judy Freeman (Hrsg.), *Das
Geistige in der Kunst*, Stuttgart, 1988.

10. Antonin Artaud écrit : « La vérité de la vie est dans l'impulsivité
de la matière. L'esprit de l'homme est malade au milieu des concepts [...]
Mais seul le Fou est calme. » («Manifeste en langage clair », in : *Œuvres
Complètes*, t. I, vol. 2 : *Textes surréalistes et lettres*, p. 52-54). Ici, la
matière n'est donc pas conçue abstraitement, mais comme *physis* agissant à travers l'homme.

Heidegger pose la question de l'origine de l'œuvre d'art dans l'art
d'une manière comparable, de sorte qu'il est impossible d'en déduire abstraitement la définition de l'art («L'origine de l'œuvre d'art », in : *Che-
mins qui ne mènent nulle part*, Gallimard, Collection TEL, trad. W. Brok-
meier, 1962, p. 14). L'œuvre d'art ouvre le regard à « la choséité de la
chose » (p. 17). C'est donc parce qu'il ne dépend pas de codes abstraits
que l'art est originel : l'art est « le se mettre en œuvre de la vérité de
l'étant » (p. 37). Comme chacun sait, Heidegger prend pour exemple le
tableau de Van Gogh représentant une paire de chaussures usées, qui
selon Heidegger renvoie à la vie paysanne et montre le travail de la terre
lui-même.

Dans le commentaire qu'il consacre au texte de Heidegger, Derrida
reproche à ce dernier de supposer au tableau de Van Gogh une histoire et
une interprétation bien déterminées, ayant pour effet de réduire ce
tableau à une simple illustration. Or, on peut très bien interpréter le
tableau différemment — par exemple sur un mode psychanalytique. En

outre, deux chaussures peintes par Van Gogh ne doivent pas nécessairement former *une paire*, ce qui infirme l'interprétation de Heidegger. (*La
vérité en peinture*, Flammarion, collection « Champs », n° 57, 1978,
p. 291-436.)

Frederic Jameson compare les chaussures de Van Gogh au tableau
d'Andy Warhol où figurent également des chaussures pour montrer que
Warhol entendait précisément mettre en évidence l'artificialité, le *sty-
ling*, la secondarité et la dépendance de ses chaussures par rapport à un
code — tous ces caractères excluant l'« originarité » de l'œuvre d'art au
sens de Heidegger. (Fr. Jameson, *Postmodernism*, Durham, 1991, p. 6-9.)

Mais dans toute cette polémique, une chose saute aux yeux : on n'a
jamais fait qu'y demander ce qu'un tableau représente, et qu'interpréter le représenté. Pourtant, ce qui est décisif dans une œuvre d'art,
c'est de savoir pourquoi elle représente justement ceci et rien d'autre.
Mais pour répondre à cette question, il faut examiner la stratégie de
l'artiste non pas à l'égard de la réalité conçue de telle ou telle manière,
mais à l'égard des autres tableaux auxquels l'artiste s'identifie ou par
rapport auxquels il prend ses distances — le représenté ne servant
alors que de moyen pour cette stratégie.

11. Susan Sontag plaide ainsi pour le rejet de toutes les interprétations en matière artistique, au profit de la pure perception :
« Aujourd'hui, la valeur la plus élevée et la plus libératrice dans l'art —
ainsi que dans la critique — est la *transparence*. La *transparence* signifie l'expérience de l'intensité de l'objet même, des choses dans leur
être-tel (…). À un moment du passé (à une époque où le grand art était
rare), interpréter des œuvres d'art a dû constituer un acte révolutionnaire et créateur. Aujourd'hui, ce n'est plus le cas […] Au lieu d'une
herméneutique, nous avons besoin d'une érotique de l'art. » («Gegen
Interpretationen », 1964, in : *Kunst und Antikunst*, Frankfurt a. M.,
1991, p. 21-22.)

12. « Une chose en tout cas est certaine : c'est que l'homme n'est pas
le plus vieux problème ni le plus constant qui se soit posé au savoir
humain […] L'homme est une invention dont l'archéologie de notre pensée montre aisément la date récente. Et peut-être la fin prochaine […]
alors on peut bien parier que l'homme s'effacerait, comme à la limite de
la mer un visage de sable. » (Michel Foucault, *Les Mots et les Choses, une
archéologie des sciences humaines*, Gallimard, Bibliothèque des sciences

humaines, 1966, p. 398.) Pour Derrida, l'homme est toujours déjà parvenu à la fin : « L'homme est depuis toujours sa propre fin, c'est-à-dire la fin de son propre. » («Les fins de l'homme », in : *Marges de la philosophie*, Minuit, 1972, p. 161.)

13. La problématique ambiguë du besoin d'explication propre à l'art moderne est abordée notamment par A. Gehlen : « N'étant plus susceptible d'être déduite de manière univoque du tableau lui-même, la signification s'établit *parallèlement au tableau en tant que commentaire*, en tant que littérature sur l'art et, comme chacun sait, en tant que verbiage sur l'art. » (*Zeit-Bilder*, Frankfurt a. M., 1960, p. 54). Selon Gehlen, l'art ne doit pas nier son besoin fondamental d'explication, mais au contraire le revendiquer de manière explicite : « Nous plaidons pour une *"peinture conceptionnelle"* (en fr.), qui introduise dans la conception du tableau une thèse sur la raison d'être de ce dernier et qui, grâce à cette thèse, rende compte abstraitement des moyens de représentation et des principes formels » (ibid., p. 162).

14. « Le monde au contraire nous est redevenu "infini" une fois de plus : pour autant que nous ne saurions ignorer la possibilité qu'il *renferme une infinité d'interprétations*. Une fois encore le grand frisson nous saisit (...)» (Fr. Nietzsche, *Le Gai Savoir*, in : *Œuvres Philosophiques*, textes et variantes établis par G. Colli et M. Montinari, Gallimard, 1967, trad. P. Klossowski, aphorisme 374, p. 271).

15. Dans le film de Hans Richter, *Dreams That Money Can Buy* (1946-47), où figurent entre autres les *Rotoreliefs* de Duchamp.

16. Arthur Danto définit l'œuvre d'art comme l'expression de l'intention d'un auteur, c'est-à-dire de la subjectivité, de la signification, du sens, et établit ainsi une théorie expressiviste du readymade. Il écrit par exemple : « La voir (l'œuvre d'art — B.G.) comme une œuvre d'art, c'est donc passer du domaine des simples objets à celui de la signification » (*La transfiguration du banal, une philosophie de l'art*, Seuil, collection « Poétique », 1989, trad. Cl. Hary-Schaeffer, p. 203). L'intention originelle de l'auteur est définie comme style : « [...] le style, c'est l'homme : il est pour ainsi dire la manière dont l'homme est fait, sans le bénéfice d'aucune capacité acquise autrement » (ibid., p. 312). Danto compare le style esthétique au style éthique : « Être bienveillant c'est être créatif, c'est-à-dire être capable dans une situation nouvelle d'accomplir des actions que tout le monde reconnaîtra comme bienveillantes » (p. 313).

17. Selon l'« analyse institutionnelle » de George Dickie, la distinction entre art et non-art est établie par le « monde de l'art » (*artworld*), celui-ci étant défini comme système d'institutions telles que les galeries, les musées, les revues d'art, etc. : « La théorie institutionnelle de l'art revient en un sens à dire qu'une œuvre d'art est un objet dont quelqu'un a dit : "j'appelle cet objet une œuvre d'art." » (*Art and Aesthetics. An Institutional Analysis*, Ithaca, 1974, p. 49.) « En elle-même, une œuvre d'art ne se distingue en rien d'une simple chose. » C'est pourquoi Dickie rejette la tentative visant à justifier l'œuvre d'art par l'intention de l'auteur — intention qu'elle est censée exprimer, au même titre qu'autrefois le monde extérieur : « Du point de vue de la théorie institutionnelle, la théorie de l'imitation et la théorie de l'expression sont toutes deux erronées en tant que théories de l'art » (ibid., p. 51).

Toutefois, le problème se déplace à la définition du monde de l'art, qui perd immédiatement ses limites institutionnelles pour admettre l'artiste isolé, indépendant des institutions : « De fait, de nombreuses œuvres d'art ne sont jamais vues que par une seule personne — celle qui les crée —, mais elle sont encore de l'art. Le statut d'art peut être acquis du fait d'une seule personne agissant au nom du monde de l'art et traitant un artefact comme un candidat à l'appréciation. » (p. 38.) Cette absence de limites propre au monde de l'art est ensuite caractérisée comme sa « complexité byzantine » et sa « frivolité » : « Le monde de l'art ne requiert pas de procédures rigides ; il tolère et même encourage la frivolité et le caprice, sans pour autant perdre le sérieux de son intention. » (p. 49.)

Ainsi l'œuvre d'art demeure-t-elle l'« expression » du libre arbitre et de l'intelligence, et même de la frivolité. On peut souscrire à l'intention fondamentale de la théorie institutionnelle : d'après elle, une œuvre d'art doit préalablement être mise en rapport avec l'art déjà existant pour pouvoir être considérée comme une œuvre d'art. Toutefois, cette opération de mise-dans-la-tradition d'une œuvre d'art ne peut être arbitraire et extérieure à sa forme, à sa structure et à la manière dont elle s'interprète elle-même. L'œuvre d'art doit être confrontée « en elle-même » à la tradition ; ce n'est qu'ensuite que le succès de cette opération peut être apprécié et garanti du point de vue institutionnel.

18. On peut trouver un tel jugement par exemple dans : H. Richter, *Dada-Kunst und Antikunst*, Köln, 1964, p. 212 sq.

19. Caractéristique de ce point de vue est la description ambivalente que fait Benjamin Buchloh de la stratégie d'A. Warhol, comme application du procédé de l'art commercial au grand art. Cf. Benjamin Buchloh, « The Andy Warhol Line », in : Garry Garrels (Ed), *The Work of Andy Warhol, Discussions in Contemporary Culture*, n° 3, DIA ART Foundation, Seattle, 1989, p. 52 sq.

20. Thierry de Duve entend ainsi suivre la tradition freudienne et lire les œuvres d'art comme des textes sacrés (*Nominalisme Pictural*, Minuit, collection « Critique », 1984, p. 9). C'est dans cette perspective qu'il lit l'œuvre de Duchamp, parallèlement à la théorie de J. Lacan, comme « rhétorique de l'assujettissement au signifiant [...] où la pratique du sujet-artiste se reformule de même. » (ibid., p. 243.)

21. Pour une interprétation de Duchamp dans le contexte de la théorie surréaliste de l'inconscient, cf. R. Krauss, *The Originality of the Avant Garde and Other Modernist Myths*, Cambridge, Mass., 1988, p. 196-209.

22. In : *Katalog einer Ausstellung im Museum Ludwig in Köln : Ubrigens sterben immer die Anderen. Marcel Duchamp und die Avantgarde seit 1950*, Köln, 1988, p. 284.

23. Pour l'une des premières descriptions sémiotiques de la vie quotidienne, cf. Roland Barthes, *Mythologies*, Seuil, 1957.

24. La phrase suivante, par exemple, montre comment l'esthétique du readymade peut être fallacieusement interprétée de manière « métaphysique » : « Cette constatation a fourni le fil conducteur pour choisir les œuvres devant figurer dans cette exposition. Celle-ci montre la manière dont Beuys, dans son refus strict de toute raison instrumentale, ayant pour seul but l'exploitation de la nature, entendait saisir la nature sous le signe de la *poiesis*, celle-ci étant conçue comme production et événement de la vérité, et non pas comme pur faire. » (A. Zweite, « Vorwort zum Katalog der Ausstellung *Joseph Beuys. Natur. Materie. Form.* » in der *Kunstsammlung Düsseldorf*, Düsseldorf, 1992.) Comme si le faire artistique n'était pas en tant que tel un faire, comme s'il n'était pas une exploitation esthétique de la nature, comme s'il n'était pas instrumental, comme si on pouvait dissocier l'art de l'histoire de la raison, et comme si l'art, en tant que *technè*, pouvait être un Autre de la technique.

25. S'inspirant de la conception du « musée imaginaire » (en fr.) ou du « musée de la reproduction » par A. Malraux, A. Gehlen voit ainsi

justement dans la reproduction de l'art l'abstraction d'un « pur artistique », débarrassée de toute intention d'auteur et de toute aura. « [...] À la lumière de cette abstraction, l'œuvre d'art particulière n'énonce plus rien, elle n'agit qu'en vertu du charme effrayant de la forme vidée de tout contenu ; on ne peut l'utiliser à d'autres fins qu'à l'auto-infection par un virus inconnu, de la même manière que les Expressionnistes usaient des masques du Congo. » (*Zeit-Bilder*, Frankfurt a. M., 1960, p. 48.) Par là, la reproduction redevient active et productive du point de vue artistique.

26. R. Barthes écrit ainsi : « À quelque niveau que nous nous placions, dans cette opération de lecture de l'objet, nous constatons que le sens traverse toujours de part en part l'homme et l'objet. Est-ce qu'il y a des objets hors du sens, c'est-à-dire des cas limites ? Je ne le pense pas. Un objet non signifiant, dès qu'il est pris en charge par une société — et je ne vois pas comment il ne pourrait pas l'être —, fonctionne au moins comme le signe de l'insignifiant, il se signifie comme insignifiant. » (*L'aventure sémiologique*, Seuil, Points Essais, 1985, p. 258.) Du reste, l'interprétation de tous les objets comme signes est une conséquence de l'accent mis par la sémiologie sur la matérialité de tous les signifiants.

27. Sur ce point, cf. William A. Camfield, *Marcel Duchamp. Fountain*, Houston, 1989, p. 29 sq.

28. Cf. par exemple Nikolaï Taraboukine, *Le dernier tableau : du chevalet à la machine*, Éditions Champ Libre, 1972, trad. A. B. Nakov et M. Pétris.

29. Marcel Duchamp s'inspira largement des romans de R. Roussel, qui contiennent entre autres des descriptions fictives de l'utilisation exotique d'objets quotidiens à des fins de rituels mystérieux : « C'est Roussel qui, fondamentalement, fut responsable de mon Verre *La mariée mise à nu par ses célibataires, même*. Ce furent ses *Impressions d'Afrique* qui m'indiquèrent dans les grandes lignes la démarche à adopter. » (*Du champ du signe*, Flammarion, Écrits réunis et présentés par M. Sarnouillet, 1975, p. 173.)

30. L'identification du sacré et de la transgression des tabous (y compris sociaux) fut thématisée à de nombreuses reprises dans la théorie et dans la pratique surréalistes. Sur ce point, voir notamment R. Caillois, *L'homme et le sacré*, Gallimard, collection « Folio », n° 84, 1950 (1988), ainsi que G. Bataille, *La littérature et le mal*, Gallimard, 1957. Pour une

analyse critique, cf. J.-M. Heimonet, *Politiques de l'écriture ; Bataille, Derrida. Le sens du sacré dans la pensée française du surréalisme à nos jours*, Jean-Michel Place, 1989.

31. « Il n'existe aucune icône sur laquelle le saint serait un zéro. Mais l'essence divine est le salut-zéro [...] Si les héros et les saints s'apercevaient que le salut du futur est le salut-zéro, ils seraient décontenancés par la réalité. » (C. Malevitch, *Suprematismus. Die gegenstandlose Welt*, Köln, 1989, p. 50.) Le suprématisme de Malevitch avait pour but de sortir du désarroi le héros et le saint grâce à une nouvelle icône du salut-zéro.

32. Pour expliquer ses propres tableaux, Kandinsky introduit un vocabulaire des couleurs et des formes qu'il reprend de la tradition théosophique. Cf. *Du spirituel dans l'art et dans la peinture en particulier*, Denoël, collection « Folio Essais », édition établie et présentée par Ph. Sers, traduit de l'allemand par N. Debrand/traduit du russe par B. du Crest, 1989, p. 113-173.

33. Cf. Kandinsky, *ibid.*, p. 51-59.

34. Comme on l'a montré auparavant, l'expressionnisme utilise également des citations de l'art primitif et de l'art des malades mentaux, des éléments de la doctrine mystique des couleurs, etc. Mais c'est avant tout le concept de « génie » qui est approprié comme readymade.

35. Cf. Ju. Tynjanov, « O literaturnoj evolutsii », in : Ju. N. Tynjanov, *Poetika. Istorija literatury. Kino*, Moskva, 1977, p. 270-281, ainsi que V. Sklovskij, *Gamburgskij scet*, Moskva, 1989, p. 120-138.

36. Cf. P.N. Medvedev, *Formal'nyi metod v literaturovedenii*, Leningrad, 1928.

37. Cette thèse est soutenue par exemple par G. Lipovetsky : « Rupture avec la phase inaugurale des sociétés modernes, démocratiques — disciplinaires, universalistes — rigoristes, idéologiques — coercitives, tel est le sens du procès de personnalisation (...)» (*L'ère du vide : essai sur l'individualisme contemporain*, Gallimard, 1983, collection « Folio Essais », n° 121, p. 10.)

38. Sur le concept de transgression comme violation des tabous, cf. G. Bataille : « La transgression temporaire est d'autant plus libre que l'interdit est tenu pour intangible. » (*La littérature et le mal*, Gallimard, 1957, p. 20.)

39. W. Welsch parle ainsi d'une saturation par l'esthétisation, qui

conduit à l'anesthésie. Voir *Asthetisches Denken*, Stuttgart, 1990, p. 13 sq. Dans ces conditions, toute autre esthétisation devient dépourvue de sens.

40. Y. Michaud constate ainsi l'absence d'hétérogénéité dans le monde culturo-médiatique : « Le paradoxe est en effet que dans le monde de l'art actuel, l'hétérogénéité revêt *d'abord* la figure d'une *homogénéité de la diversité* » (*L'artiste et les commissaires*, Éditions Jacqueline Chambon, 1989, p. 77).

41. « C'est aussi l'effondrement de la réalité dans l'hyperréalisme, dans la réduplication minutieuse du réel, de préférence à partir d'un autre medium reproductif — publicité, photo, etc. — de medium en medium le réel se volatilise, il devient allégorie de la mort, mais il se renforce aussi de par sa destruction même, il devient le réel pour le réel (…): hyperréel. » (J. Baudrillard, *L'échange symbolique et la mort*, Gallimard, Bibliothèque des sciences humaines, 1976, p. 111-112.)

42. « Dans un royaume artificiellement reconstruit et séparé du grand art, apparemment indemne de toute évidence culturelle ou industrielle de masse, ces actes restaurateurs sont revendiqués comme des gestes de résistance critique à l'héritage néfaste de Warhol (et en fin de compte de Duchamp), et qui sont seulement requis avec d'autant plus d'urgence comme […] images de légitimation. » (B. Buchloh, « The Andy Warhol Line », in : G. Garrels (ed), *The Work of Andy Warhol, Discussions in contemporary culture*, DIA Art Foundation, Seattle, 1989, p. 66-67.)

43. Cf. Rosalind Kraus, *Originality of the Avantgarde and Other Modernist Myths*, Cambridge, Mass., 1988, p. 59 sq.

44. Paul de Man souligne par exemple la dimension profane que revêt le dialogue entre différents points de vue, par opposition à une conception du dialogisme (de Platon jusqu'à Bakhtine) orientée vers la vérité. Voir « Dialog and Dialogism », in : Gary S. Morson and Caryl Emerson (eds), *Rethinking Bakhtin*, Evanston, Illinois, 1989, p. 113 sq.

45. Cf. par exemple M. Foucault, *Surveiller et punir : naissance de la prison*, Gallimard, collection Bibliothèque des Histoires, 1989. Sur le caractère indépassable de la violence, cf. J. Derrida, « Violence et métaphysique », in : *L'écriture et la différence*, Points Essais, n° 100, 1979, p. 117-228.

46. Pour une histoire de la « pensée anthropophage », avec le but d'un « retour à l'anorganique », voir Ulrich Horstmann, *Das Untier*, Frankfurt a. M., 1985.

47. Sur la théorie et l'art de l'appropriation, cf. Uli Bohnen (Hrsg.), *Hommage-Demontage*, Köln, 1988.

48. La critique du raffinement culturel comme destruction de la nature commence dès Rousseau, et est elle-même commentée de manière critique par Derrida, in : *De la Grammatologie*, Minuit, collection « Critique », 1967, p. 145-445.

49. Cf. par exemple chez O. Spengler l'opposition civilisation/culture. Voir *Le déclin de l'Occident*, Gallimard, Bibliothèque des idées, (1948), 1976, trad. M. Tazeraut.

50. Ces valeurs culturelles se mettent à « flotter » (J. Baudrillard, *L'échange symbolique et la mort*, Gallimard, Bibliothèque des sciences humaines, 1976).

51. Cf. W. Benjamin, « L'œuvre d'art à l'ère de sa reproductibilité technique », in : *Œuvres, II, Poésie et révolution*, Denoël, Les Lettres Nouvelles, trad. M. de Gandillac, 1971, p. 171-211.

52. Dans son célèbre essai « *Avant-garde and Kitsch* » (écrit en 1939), Clement Greenberg trace une limite nette entre le grand art ou l'art « authentique » et la production artistique de masse : « Pour satisfaire la demande du nouveau marché, on imagina un nouveau produit : un ersatz de culture, le kitsch, destiné à ceux qui, insensibles aux valeurs de la culture authentique, ont néanmoins soif de la distraction que seule une certaine culture est en mesure de fournir. Le kitsch, en utilisant en guise de matière première les simulacres altérés et académisés de la culture authentique, fait bon accueil à cette insensibilité et la cultive [...] Le kitsch est mécanique et opère par formules. Le kitsch est une expérience indirecte et une sensation falsifiée. » (*The Collected Essays and Criticism, vol. 1 : Perceptions and Judgements, 1939-1944*, Chicago, 1988, p. 12.) Au moins depuis le pop-art, le kitsch — défini exactement sous cette forme — est devenu l'objet principal de discussion pour le grand art avant-gardiste.

53. Voir l'interview de Jeff Koons in : *Amerikanische Kunst der späten 80er Jahre*, Köln, p. 121-128.

54. Sur Mike Bildo, cf. par exemple Uli Bohnen, « Hommage-Demontage », in : Uli Bohnen (Hrsg), *Hommage-Demontage*, Köln, 1988, p. 37 sq.

55. Sur la stratégie artistique de Cindy Sherman, cf. Hal Foster, « The Expressive Fallacy », in : *Recordings. Art, Spectacle, Cultural Politics*, Seattle, 1985, p. 59-78.

56. Ce n'est pas un hasard si les discussions portent sur les mécanismes du marché de l'art prennent souvent pour exemple la valorisation du déchet, par exemple celui de l'épave de voiture. Sur ce point, voir Holger Bonus/Dieter Ronte, *Die Wa (h) re Kunst. Markt, Kultur und Illusion*, Erlangen, 1991.

57. Cf. par exemple B. Groys, « Das Thema des Mülls in der Kunst Ilja Kabakows », in : B. Groys, *Zeitgenössische Kunst aus Moskau. Von der Neo-Avantgarde zum Poststalinismus*, München, 1991.

58. C'est ainsi que procède par exemple le nouvel expressionnisme allemand. « Les nouveaux peintres allemands ne recherchent pas l'expression immédiate, contrairement à ce qu'ont pensé leurs critiques. Préférant utiliser un code déjà existant d'expression naturelle qui dépend de l'union spontanée de contraires dans un geste unique, les peintres allemands tentent de provoquer en nous une résistance à l'abstraction […] Cet usage du geste n'en appelle pas réellement à l'instinct. Il est d'emblée socialement déterminé, de même que les formes sont culturellement conditionnées. » (Donald B. Kuspit, « Flak from the "Radicals" : The American Case against Current Germain Painting », in : Brian Wallis (ed), *Art after Modernism : Rethinking Representation,* New York, 1984, p. 141 sq.)

58. « Toutes ces caractéristiques (le fait d'être non identique, non répétable, créatif, non reconnaissable, non maîtrisable d'un point de vue scientiste) ne peuvent cependant être attribuées à notre candidate (à l'individualité — B.G.) que si on les tient pour […] le propre du *sujet*. Et de fait, c'est bien ce qu'on doit faire […] De la subjectivité, nous n'avons pas une connaissance médiate, à partir d'une perspective de spectateur ou d'introspection ; nous sommes bien plutôt *immédiatement* familiers avec ce qu'est en propre la vie consciente. » (Manfred Frank, « Individualität und Kreativität », in : *Akademie der bildenden Künste in Wien : Warheit in der Malerei*, Wien, 1988, p. 36). Et plus loin : « Ce que l'intervention d'un individu apporte de nouveau dans le monde, c'est donc précisément une transformation des règles ou du système […] Imputer au système lui-même la responsabilité de cette transformation du système reviendrait à céder à un fétichisme du langage, selon lequel "(non seulement) le langage parle lui-même", mais même "se modifie de lui-même" » (ibid., p. 38).

Frank comprend le changement de système comme spontané, non intentionnel, inconscient, inévitable. En effet, la subjectivité — conçue comme individualité — ne *peut* suivre « automatiquement » les règles du système : des écarts individuels sont dès lors inévitables. Mais ces écarts demeurent profanes — grâce à eux, le nouveau apparaît certes « dans le monde », mais n'est pas reconnu comme doté de valeur, et ne rentre donc pas *dans les archives culturelles*. Toutefois, la valorisation d'un écart individuel inévitable n'a lieu que sous la forme d'une modification du système, dont la possibilité et la nécessité sont prévues par le système lui-même. Chez Frank, l'individualité est subjective parce qu'elle est *modeste :* elle ne s'exprime que dans un comportement déviant à l'intérieur même du système, et non dans une modification du système faisant époque. Frank poursuit ainsi : « Pour finir, nous souhaitons nous garder de surestimer la créativité de l'individu dans le sens même où Nietzsche, Heidegger et ses successeurs post-modernes ont à juste titre reproché à l'idéalisme allemand ses phantasmes subjectivistes de toute puissance. L'individualité n'est pas l'instance d'une création souveraine du monde et du sens : elle n'apparaît jamais que comme le trait — parfois à peine perceptible — d'un universel. » (ibid, p. 38).

L'échange novateur

1. Pour de nombreux exemple d'échange entre art inférieur et grand art au vingtième siècle, cf. Kirk Varnedoe and Adams Gopnik, *High and Low. Modern Art and Popular Culture*, New-York, 1991.

2. Sur ce point, voir Peter Halley, « The Crisis in Geometry », in : *Collected Essays*, Zürich, 1988, p. 75 sq.

3. « [...] même sur le plan social, la situation de l'art est aujourd'hui aporétique. S'il cède de son autonomie, il se livre au mécanisme de la société existante ; s'il reste strictement pour soi, il ne se laisse pas moins intégrer comme domaine innocent parmi d'autres. Dans l'aporie apparaît la totalité de la société, qui engloutit tout ce qui passe » (Th. Adorno, *Théorie Esthétique, op. cit.*, p. 314).

4. cf. B. Groys, *Konstruktion als Destruktion* (en préparation).

5. Rudolf Otto définit ainsi le sacré comme étant, même dans une perspective chrétienne, le « tout Autre », le Mystérieux, l'Étranger, ce qui inspire l'horreur. Voir *Le Sacré*, Payot, 1995, trad. A. Jundt.

6. A. Platonov, « Cevengur », in : A. Platonov, *Juvenil'noje morje*, Moskva, 1988.

7. Cf. Max Weber, *L'éthique protestante et l'esprit du capitalisme*, Paris, Librairie Plon, 1964, trad. J. Chavy.

8. Voir la description de la déterritorialisation et de la reterritorialisation in Gilles Deleuze & Félix Guattari, *Capitalisme et Schizophrénie : l'Anti-Œdipe*, Minuit, 1972-1973, en particulier p. 285-313.

9. « Ce qui importe est de passer d'un ordre durable, où toute consumation des ressources est subordonnée à la nécessité de durer, à la violence d'une consumation inconditionnelle [...] Le sacrifice est l'antithèse de la production, faite en vue de l'avenir, c'est la consumation qui n'a d'intérêt que pour l'instant même [...] C'est si bien le sens précis du sacrifice, qu'on sacrifie *ce qui sert*, on ne sacrifie pas des objets luxueux [...] Or, privant dès l'abord d'utilité le travail de fabrication, le luxe a déjà *détruit* ce travail, il l'a dissipé en vaine gloire, il l'a dans l'instant même définitivement perdu. Sacrifier un objet de luxe serait sacrifier deux fois le même objet. » (G. Bataille, *Théorie de la religion*, in : *Œuvres Complètes*, VII, Gallimard, 1976, p. 310-311.)

10. Voir le chapitre « La société de consumation », in G. Bataille, *La part maudite*, in : *Œuvres Complètes,* VII, Gallimard, 1976, p. 49-81.

11. Sur le rapport entre contemplation et créativité, cf. B. Groys, « Jenseits der Kreativität », in : Hans Thomas (Hrsg.), *Chancen einer Kultur der Arbeit*, Köln, 1990.

12. Sur la théorie de la littérature moderne en tant que s'écartant des modèles esthétiques et comme thématisation et incarnation du mal, voir M. Paz, *The Romantic Agony*, New-York, 1956. Pour une autre théorie significative de la poésie romantique comme conflit « mauvais » entre les générations usant de moyens rhétoriques, voir Harold Bloom, *The Anxiety of Influence : A Theory of Poetry*, New York, 1973.

Sur la transgression chez Sade et chez Goya, cf. G. Bataille, *La littérature et le mal*, Gallimard, 1957, p. 113-138, ainsi que *Les larmes d'Éros*, in : *Œuvres Complètes,* X, Gallimard, 1987, p. 617-619.

13. « Nous avons le devoir de prendre en compte les différents motifs qui peuvent pousser un homme à vivre parmi des personnages vulgaires et imbéciles tels que la satire et la comédie les requiert. Dans le cas de Flaubert, pour ne s'en tenir qu'à lui, le "style" n'était pas le tout de l'affaire. Comme n'importe quel martyre chrétien, il alla s'établir au centre même du corps bourgeois (…)» (W. Lewis, « The Greatest Satire is Non-Moral », in : J. Symons (ed), *The Essential of Wyndham Lewis*, London, 1989, p. 230).

14. Sur le passage de l'image du martyre au martyre de l'image, cf. B. Groys, « Das leitende Bild », in : *Das Bild nach dem letzten Bild*, Köln, 1991, p. 102 sq.

15. Pour la théorie post-structuraliste, ce qui est non-texte est également textuel, de même que ce qui est non-signe est signe et que ce qui est non-structure est structuré.

16. « La jouissance de la *chose même* est ainsi travaillée, dans son acte et dans son essence, par la frustration […] S'y promet en s'y dérobant, s'y donne en s'y déplaçant quelque chose qu'on ne peut même rigoureusement appeler présence. Telle est la contrainte du supplément, telle est, excédant tout le langage de la métaphysique, cette structure "presque inconcevable à la raison". *Presque* inconcevable : la simple irrationalité, le contraire de la raison sont moins irritants et déroutants pour la logique classique. Le supplément rend fou parce qu'il n'est ni la présence ni l'absence et qu'il entame dès lors et notre plaisir et notre virginité. » (J. Derrida, *De la Grammatologie*, Minuit, collection « Critique », 1967, p. 222.)

Dans la mesure où il renvoie au désigné en même temps qu'il l'occulte et s'y substitue, le signe induit en tentation. Ainsi le signifiant est-il un signe de la défaite, de la clôture, de la différance d'un désir — avant tout du désir de vérité. Chez Derrida n'est donc toujours pas prise en compte la possibilité — que seul Nietzsche avait mentionnée — que le désir ne *veut* pas le signifié, mais précisément le signifiant, et dès lors que c'est justement parce qu'il aspire d'emblée à l'ersatz, au signe, à la valeur, qu'il ne reste pas frustré, sans devoir se satisfaire d'aucun ersatz. Sur ce point, cf. la note 24.

17. « Le débat "post-moderniste" actuel est d'abord et pour l'essentiel le produit de réflexions importantes du Premier Monde sur le décentrement de l'Europe, qui prend des formes telles que la démystification de la prédominance de la culture européenne et la déconstruction d'édifices philosophiques européens […] Le statut marginal de Derrida lui-même en tant qu'Algérien (type spécifique de sujet colonial français) et Juif peut, de fait, le conduire à accentuer les aspects transgressifs et perturbateurs de Nietzsche et de Heidegger, de Mallarmé et d'Artaud. Et pourtant, son projet demeure entièrement eurocentrique et moderniste. Il pourrait signifier l'absence et le silence de ceux qui sont considérés comme différents, étrangers, marginaux — les peuples du tiers-monde,

les femmes, les gays, les lesbiennes —, de même que leur relative impuissance politique à transformer de manière créatrice l'héritage de l'âge de l'Europe. » (Cornel West, « Black Culture and Post-modernism », in : B. Kruger and P. Mariani (Eds), *Remaking History, Discussions in Contemporary Culture*, DIA Art Foundation, Seattle, 1989, p. 88.)

18. « Le problème est cependant que lorsque nous nous débarrassons des hiérarchies, nous nous débarrassons également dans ce cas de la *différence*, et que c'est la différence, l'interaction des dissemblances, qui donne toute espèce de signification et d'importance : linguistique, sociale, politique et éthique. » (Lars Nittve, « From "Implosion" to "Trans/Mission". Notes Surrounding a Project », in : *Kunst u. Museum journaal*, vol. 3, N° 1, Amsterdam, 1991, p. 32.)

19. Pour une discussion sur ce point, voir par exemple R. Robin, « Stalinism and Popular Culture », in : H. Guenther (Ed), *The Culture of the Stalin Period*, London, 1990, p. 15-40.

20. « La fonction de l'avant-garde est donc de jouer le rôle d'une sorte de division de la recherche et du développement de l'industrie culturelle : elle se met en quête de nouveaux domaines de pratique sociale, qui ne sont pas encore complètement soumis au profit efficient, les rend reconnaissables et éliminables […] De cette manière, les transactions entre le haut et le bas, entre le légitime et l'illégitime, font de l'avant-garde un mécanisme décisif de l'industrie culturelle ainsi organisée […] Le cycle d'échange, entrevu par la modernité, ne se meut que dans une seule direction : appropriation des pratiques oppositionnelles d'en haut, retour des biens culturels vidés de leur sens vers le bas. Si un élément quelconque des inventions de l'Avant-Garde revient dans la zone inférieure de la culture de masse, c'est sous une forme qui n'a plus rien de sa force et de son authenticité originelles. » (Th. Crow, « Moderne und Massenkultur in der bildenden Kunst », in : *Texte zur Kunst*, N° 1, Köln, 1990, p. 79-81.)

Selon Crow, les « pratiques inférieures » sont donc d'emblée « oppositionnelles » à la « culture élevée ». En réalité, elle ne deviennent oppositionnelles qu'à partir du moment où l'avant-garde les oppose aux pratiques culturelles valorisées et élevées. En établissant un rapport de sens entre ces pratiques inférieures et la tradition culturelle, l'avant-garde ne réalise donc pas à leur égard une « évacuation de sens », mais une donation de sens. C'est précisément pour cette raison que ces pratiques perdent leur sens lorsqu'elles retournent dans la culture de masse inférieure. Du reste, elles conservent leur « force » — mais pas leur « authenticité », car en dehors du contexte culturel élevé, elles ne peuvent absolument pas passer pour des énoncés dotés d'une valeur de vérité.

21. Sur la mise en valeur esthétique de la réalité propre, voir Ilya Kabakow/Boris Groys, *Die Kunst des Fliehens*, München, 1991, p. 53 sq.

22. La valorisation des icônes russes et de l'art populaire russe par l'Avant-Garde russe, sous l'influence de l'Avant-Garde occidentale, conduisit bientôt à un sentiment de supériorité de l'art russe sur l'art occidental : « On peut dire sans exagération que le jeune art russe de l'école non-objective, loin de se "traîner à la remorque" de l'Occident, représente au contraire un facteur d'avant-garde dans la culture artistique européenne. » (N. Taraboukine, *Le dernier Tableau : du chevalet à la machine*, Éditions Champ Libre, 1972, trad. A. B. Nakov et M. Pétris, p. 45.)

23. Quant à la pensée philosophique, Nietzsche pose en premier lieu la question « qu'est-ce qui est aristocratique ? » ou « qu'est-ce qui est vulgaire ? » (*Par-delà le Bien et le Mal*, in *Œuvres philosophiques complètes*, VII, Gallimard, textes et variantes établis par G. Colli et M. Montinari, 1971, neuvième partie, p. 180-209.)

24. « Étant admis que nous voulons le vrai, *pourquoi pas plutôt* le non-vrai ? Et l'incertitude ? Voire l'ignorance ? Le problème de la vérité s'est dressé devant nous (...)» (Fr. Nietzsche, *ibid.,* première partie, aph. 1, p. 21).

25. L'inconscient linguistique, qui à la suite de la théorie surréaliste du langage était censé s'exprimer dans l'*écriture automatique*, devient ainsi chez Blanchot le langage du silence : « Oui, cela est sans fin, cela parle, cela ne cesse de parler, langage sans silence, car le silence en lui se parle. » (*L'espace littéraire*, Gallimard, 1955, p. 239.)

26. Sur la théorie platonicienne de la réminiscence, voir avant tout *Ménon*, 81 b-e, ainsi que *Phédon*, 72e-77d (en particulier 73a-e), et *Phèdre*, 249b-253c.

Selon Derrida, seule la figure platonicienne de la réminiscence conduit à l'origine, justement parce qu'il lui est impossible d'accomplir jusqu'à la découverte de l'écriture : « Ainsi, bien que l'écriture soit extérieure à la mémoire (intérieure), [...] elle l'affecte et l'hypnotise en son dedans [...] Et pourtant, comme le feront Rousseau et Saussure, cédant à la même nécessité, sans toutefois y lire d'*autres* rapports entre l'intime et l'étranger, Platon maintient et l'extériorité de l'écriture et son pouvoir de pénétration maléfique, capable d'affecter ou d'infecter le plus profond.» («La pharmacie de Platon», in *La dissémination*, Seuil, collection «Tel Quel», 1972, p. 125-126). Pour la référence à la «légende de Toth», cf. Platon, *Phèdre*, 247a-277a.

27. «N'est effectivement éprouvé et pensé que ce que l'*aletheia*, comme clairière de l'Ouvert, apporte, et nullement ce qu'elle est en elle-même. Ce qu'elle est en elle-même demeure en retrait. Est-ce là l'effet d'un simple hasard? [...] Ou bien en va-t-il ainsi parce que se retirer, demeurer en retrait, en un mot la *lethe*, appartient à l'*aletheia* [...] comme le cœur même de l'*aletheia*? [...] S'il en était ainsi, alors ce serait seulement avec cette question que nous serions sur un chemin conduisant à la tâche de la pensée, quand la philosophie est à bout de course.» (M. Heidegger, «La fin de la philosophie et le tournant», in *Questions IV*, Gallimard, trad. J. Beaufret, F. Fédier, J. Lauxerois et Cl. Roëls, 1976, p. 136-137.)

28. En ce sens, la déconstruction n'est pas une critique visant à un dépassement du texte dans la direction de la vérité. Par exemple, Derrida lit le texte de Rousseau comme une chaîne de suppléments suivant le mouvement de la différance. «Le concept de supplément est une sorte de tache aveugle dans le texte de Rousseau, le non-vu qui ouvre et limite la visibilité.» (*De la grammatologie*, Minuit, collection «Critique», 1967, p. 234). Et en ce sens, aucun écrivain ou interprète n'est dans une position meilleure ou pire que Rousseau lui-même.

29. Cf. la note 29 de «*Stratégies novatrices*».

30. Derrida critique à partir de l'exemple de Husserl la conception du langage comme expression. Il décrit cette conception dans les termes suivants : «Le discours ne fera, s'il en est ainsi, que porter au dehors un sens constitué sans lui et avant lui.» («La forme et le vouloir-dire», in *Marges de la philosophie*, Minuit, 1972, p. 194). Plus loin, Derrida montre que le «*vouloir-dire*» expressif est d'emblée contaminé par le langage.

À un autre endroit, il écrit : «*D'une part*, l'expressivisme n'est jamais simplement dépassable [...] La représentation du langage comme "expression" n'est pas un préjugé accidentel, c'est une sorte de leurre structurel, ce que Kant aurait appelé une illusion transcendantale [...] *D'autre part* (...), l'expressivité est en fait toujours dépassée, qu'on le veuille ou non, qu'on le sache ou non. Dans la mesure [...] où il y a déjà un *texte*, un réseau de renvois textuels à *d'autres* textes, une transformation textuelle dans laquelle chaque "terme" prétendument "simple" est marqué par la trace d'un autre, l'intériorité présumée du sens est déjà travaillée par son propre dehors. » (*Positions*, Minuit, collection « Critique », 1972, p. 45-46.)

31. Pour Derrida, le texte se déconstruit lui-même. On peut toutefois soutenir que la lecture déconstructrice fait elle aussi violence au texte : « La "déconstruction" [...] n'est qu'une autre sublimation philosophique du drame œdipien de l'investigation obligée : le texte, le langage, l'écriture, assistent à leur propre désintégration. Le "texte" joue le rôle d'Œdipe, se détruisant lui-même en vue d'une paix sacrificielle générale ; même si l'on peut soutenir que l'auto-destruction inquisitoriale d'Œdipe constitue une version dramatique de ce que fait en réalité l'écriture. Mais en tout cas, comme le suggère l'écrit de Derrida sur la violence, toutes les déconstructions comportent des éléments heuristiques et, bien que "ludiques", ont une nuance d'inquisition. Le fait de "rendre" le texte de l'autre plus convenable par une lecture de métaphores disjonctives répète le procédé socratique consistant à acculer l'autre à l'auto-contradiction logique — l'*elenchus*. » (Aaron Fogel, « Coerced Speech and the Oedipus Dialogue Complex », in Gary S. Morson and Caryl Emerson (Eds), *Rethinking Bakhtin*, Evanston, Illinois, 1989, p. 179-180.)

32. V. N. Volosinov, *Frejdizm*, Moskva, Leningrad, 1927, p. 158 sq.

33. Pour une comparaison entre la problématique des règles et de leur application chez Wittgenstein et la problématique de la différance chez Derrida, cf. H. Staten, *Wittgenstein and Derrida*, Lincoln, 1984.

TABLE DES MATIÈRES

Achevé d'imprimé
en septembre 1995
sur les presses de
l'Imprimerie A. Robert
116, bd de la Pomme
13011 Marseille

Dépôt légal : septembre 1995